Kwan Lau

Feng Shui – leicht gemacht

Kwan Lau

Feng Shui – leicht gemacht

Den eigenen Lebensraum harmonisch gestalten – Energieblockaden lösen

Aus dem Englischen von Karin Hasselblatt

Herder
Freiburg · Basel · Wien

Titel der Originalausgabe: Kwan Lau, Feng Shui for Today.
Arranging Your Life for Health & Wealth.
Published by Tengu Books, New York 1996.

Gedruckt auf umweltfreundlichem,
chlorfrei gebleichtem Papier

Satz: DTP-Studio Helmut Quilitz
Herstellung: Freiburger Graphische Betriebe 1997
ISBN: 3-451-26370-X

Inhalt

Danksagungen

Während meiner Arbeit an diesem Buch erfuhr ich großzügige Hilfe und Ermunterung durch Freunde und ganz besonders durch die Kollegen von Weatherhill. David Noble, Steven Feldman und Martin Fromm korrigierten die vielen grammatikalischen und orthographischen Fehler und gaben mir auch sonst viele nützliche Tips. Für ihre Geduld, die viele mir gewidmete Zeit und ihre Freundlichkeit danke ich herzlich. Meine tiefe Dankbarkeit gilt außerdem Doris Liang, Ray Furse, Charles L. Richard, Dr. John Fong, Prof. Lars Bergland, Fong Chow, meinen beiden Schwestern sowie meinen vielen Bekannten und Freunden für ihre unermüdliche moralische Unterstützung. Schließlich muß ich meinem verstorbenen Großvater danken, Lau Baifu (1877–1941), der sein Wissen und Verständnis dieser kostbaren Kunst an meine Familie weitergab.

Teil I
Die Grundlagen des Feng Shui

1. Die Kunst harmonischer Einrichtung

Bei den alten Chinesen waren Orte und die Orientierung im Raum von größter Wichtigkeit. Die Lage von Wohnort und Arbeitsplatz sowie die Anordnung von Gegenständen in unserer Umgebung können unsere innere Haltung und sogar das seelische Wohlbefinden empfindlich beeinflussen. Die chinesische Volkskunst und Mythologie lehren, daß derlei Faktoren das Verhalten und die äußere Erscheinung eines Menschen positiv oder negativ verändern können, zum Freundlichen oder Unfreundlichen, zum Harmonischen oder Disharmonischen hin.

Das vorliegende Buch befaßt sich mit der alten Kunst der Chinesen, die Dinge um uns her so anzuordnen, daß Harmonie und Glück möglich werden. Diese Kunst nennt sich *Feng Shui.* Ihr altes Wissen hilft uns, durch unsere Beziehung zu den Gegenständen um uns herum Frieden und neues Wachstum zu suchen. Wir lernen, die Dinge so zu arrangieren, daß die Menschen (Mensch), die Umgebung (Erde) und der Geist (Himmel) ein harmonisches Ganzes bilden, das Fortschritt erst möglich macht. In der westlichen Tradition gibt es ähnliche Ansätze, die meist unter „Geomantik" bekannt sind.

Das chinesische Wort *Feng* bedeutet Wind, *Shui* heißt Wasser. Der Begriff „Wind und Wasser" meint den „Wind, der bis zu den Berghöhen hinaufweht" und das „Wasser, das sich zum Wellenkamm erhebt". Beides zusammen symbolisiert die Einstellung und das Handeln eines Menschen in bezug auf seinen Erfolg. Die Ursprünge des Feng Shui liegen in der traditionellen Astronomie, in der Lehre der Geographie, der chinesischen Volksweisheit, der daoistischen Kosmologie und Philosophie und schließlich in der Wahrsagekunst, wie sie im *Yijing* (auch *I Ching* oder Buch der Wandlungen) dargestellt ist. Im alten China verstand man viel von diesen Zusammenhängen. Ihre im Laufe einer langen Geschichte gesammelte Erfahrung verhalf den Chinesen zu einer einzigartigen Tradition und Spiritualität, in der dieses Wissen gepflegt und weitergegeben wurde. So entstand das Konzept des Feng Shui. Es geht davon aus, daß die richtige Anordnung von Gegenständen an günstigen Orten die geheimnisvollen Kräfte des Himmels positiv beeinflußt. Diese geheimnisvollen himmlischen Mächte würden daraufhin mit den Menschen oder Dingen auf der Erde in einer Weise zusammenwirken, die den weisen Anhängern dieser Kunst großes Glück verspricht.

Im alten China glaubte man außerdem, daß Harmonie und Gleichgewicht im Leben mit Ursachen innerhalb und außerhalb eines Menschen zusammenhängen. Innerhalb („vor dem Himmel") meint die natürlichen Voraussetzungen einer Person, während mit außerhalb („nach dem Himmel") die wechselnden Gegebenheiten in seiner Umwelt beschrieben werden. Diese Einflüsse, so glaubte man, waren in der Lage, die Aussichten auf Erfolg im Leben eines Menschen zu erhöhen oder zunichte zu machen. Sie als Leser dieses Buches sollten jedoch nicht blind an die Kunst des Feng Shui als absolute Wahrheit glauben! In Wirklichkeit ist das Ganze mehr wie eine Bühne, auf der der Mensch eine geeignete Plattform für sein „Geist über Materie"-Spiel zur Bewältigung täglicher Probleme hat. Mehr als alles andere ist es ein Mittel, eine positive und freundliche Atmosphäre zu schaffen, in der Sie in Harmonie leben können, und zwar sowohl zu Hause als auch bei der Arbeit.

Ein gebildeter Feng-Shui-Spezialist ist im traditionellen China zugleich ein kompetenter Astrologe und ein Experte in der Wahrsagekunst nach dem *Yijing*. Denn diese drei Dinge hängen miteinander zusammen und haben die gleichen Wurzeln. Die vielseitige Kunst des Feng Shui vereinigt diese Zweige der chinesischen Volksweisheit in sich. Wichtig zu wissen ist, daß beim Feng Shui unterschiedliche Bewußtseinsebenen eine Rolle spielen: die spirituelle und die intellektuelle, die beide gleich wichtig sind. Wenn Sie einen Fachmann aufsuchen, sollten Sie auf seine Integrität achten und darauf, daß er hohe moralische Standards ansetzt. Nur so können Sie vermeiden, auf „faule Eier" hereinzufallen und böses Karma auf sich zu laden. Verlassen Sie sich auf Ihren Instinkt und Ihr eigenes Urteilsvermögen, bevor Sie sich von jemandem beraten lassen. Probieren Sie Dinge aus, und beobachten Sie sorgfältig. Wie wir alle wissen, stehen in Büchern, auch in diesem, nur Theorien, Gedanken und Methoden. Das sind die intellektuellen Aspekte des Feng Shui. Die spirituelle Dimension dagegen, die genauso wichtig ist, ist schwer zu erklären und schwer zu begreifen. Diese Aspekte gehen über den Rahmen eines Buches weit hinaus.

Die Kunst des Feng Shui ist in China und anderen asiatischen Ländern über viele Jahrhunderte praktiziert worden. Ähnliche Praktiken waren auch bei den alten Ägyptern, Griechen, Römern, Arabern, Indern und bei den Ureinwohnern Nord- und Südamerikas bekannt. Erwarten Sie nicht, über Nacht zum Experten zu werden. Doch ein wenig Wissen, und sei es auf dem Anfänger-Niveau, kann Ihnen die Umstände und unnötigen Kosten ersparen, die auf Sie zukommen, wenn Sie einen Fachmann zu Rate ziehen wollen!

Das Wissen des traditionellen chinesischen Feng Shui wird, unabhängig davon, um welche Schule es sich handelt, von einer Generation zur nächsten weitergegeben, entweder im Zusammenhang einer Lehrer-Schüler-Beziehung oder innerhalb der Familie. Diese Tradition wird sehr ernstgenommen, und die Meister dieser Kunst sind sich der Bedeutung einer zuverlässigen Auswahl der richtigen Schüler sehr bewußt. Jemand, dem das rechte Feingefühl und die Sensibilität fehlen, kann kein wirklicher Schüler dieser Lehre werden, sondern allenfalls ein gut informierter Enthusiast. Denn nicht jeder ist dieser Kunst fähig. Tatsächlich gibt es Meister, die ihr Wissen nur deshalb zeitlebens an keinen Schüler weitergegeben haben, weil sie keinen geeigneten Nachfolger fanden. Umgekehrt heißt das, daß Kunst und Praxis eines Meisters „geistig entleert" werden können, wenn der Mann seine Integrität verliert. Ein solcher Meister kann für sich und andere zu einer nicht eben geringen Gefahr werden.

Traditionelle Meister des Feng Shui werden sowohl im Feng Shui der Außenwelt unterwiesen wie auch in dem, das sich mit dem Inneren von Wohnungen und Häusern befaßt. Letzteres ist Thema des vorliegenden Buches. Die Meister verbringen viel Zeit auf Reisen, während derer sie lernen, gute Orte für Häuser zu erkennen und schlechte zu meiden. Auf solchen Reisen ist man gut beraten, solide Wanderschuhe und einen Feng-Shui-Kompaß dabeizuhaben. Eine profunde Kenntnis der Theorie des Feng Shui und der Mythologie, das Wissen um Volksglauben, geographische Gegebenheiten und Merkmale, die Kenntnis von Wasserquellen und der vorherrschenden Winde, ein Verständnis von Astrologie, *Yijing* und von den verschiedenen Nutzungsmöglichkeiten für einen Bauort (religiös, privat, öffentlich u. a.) sind notwendig, um all diese Dinge zu wissen und um eine solche Feld-Erfahrung noch wertvoller zu machen. Das innere

Feng Shui, mit dem wir uns hier befassen werden, basiert auf denselben Grundlagen, ist jedoch weniger kompliziert in der Anwendung!

Sie sollten wissen, daß es nicht notwendig ist, einen traditionellen chinesischen Feng-Shui-Kompaß (*Abb. 1*) zu kaufen. Sie sind teuer und sogar für jemanden, der Chinesisch lesen kann, äußerst verwirrend. Dennoch ist es interessant und hilfreich, eine ungefähre Vorstellung von ihrem Sinn und ihrer Anwendung zu haben. Denn ein traditioneller chinesischer Feng-Shui-Kompaß ist sowohl ein Werkzeug als auch ein tragbares Lexikon, das alle Informationen der verschiedenen Feng-Shui-Schulen und ihre Vertreter enthält.

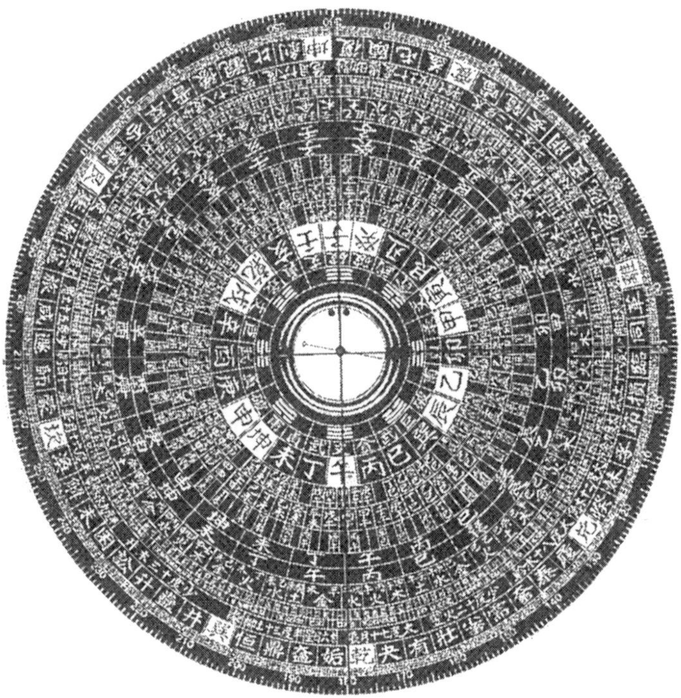

Abb. 1: Ein Feng-Shui-Kompaß

Ein chinesischer Feng-Shui-Kompaß ist normalerweise aus Buchsbaumholz, einem besonders harten und haltbaren Material. Es ist eine kreisrunde Scheibe mit einem Durchmesser von fünfzehn bis zwanzig Zentimetern. Im alten China war diese zuweilen auch aus Elfenbein oder Horn gefertigt; moderne sind allerdings oft aus Plastik. In die Mitte ist ein kleiner metallener Kompaß eingelassen, dessen magnetische Nadel halb rot (für den Süden) und halb schwarz (für den Norden) gefärbt ist. Darum herum liegen in konzentrischen Kreisen Feng-Shui-Inschriften in rot und schwarz. Je nach Schule und Methode des Meisters hat der traditionelle chinesische Feng-Shui-Kompaß sechs, neun, zwölf oder mehr konzentrisch angeordnete Inschriftenreihen. Von zentraler Bedeutung ist die Anordnung der Markierungen in einem Radius von 360 Grad. Es wird weiter unterteilt in die vierundzwanzig Richtungsabschnitte, allgemein bekannt als die vierundzwanzig Berge, und in die Acht Hauptrichtungen, die durch das *Bagua* (die acht Trigramme aus dem *Yijing*) dargestellt werden. Im weiteren in den Inschriftenreihen enthalten und mit den markierten Richtungsabschnitten in Zusammenhang stehend sind: zwei traditionelle numerische Systeme des alten China, die Zehn Himmlischen Stämme und die Zwölf Erdenzweige, die beide zusammen der Zeitmessung dienen (Stunden, Tage, Monate und Jahre); außerdem die fünf Elemente und die achtundzwanzig Sternhäuser der chinesischen Astrologie.

Für die Lektüre dieses Buches und das Verständnis der Methode der Neun Sterne, die wir lernen und praktizieren wollen, ist die Anschaffung eines komplizierten traditionellen Kompasses nicht notwendig. Ein normaler, preiswerter westlicher Kompaß reicht vollkommen. Denn alles, was wir für die Bestimmung der Himmelsrichtungen und der entsprechenden Teile des Hauses brauchen, sind die Acht Hauptrichtungen und die Gradeinteilungen. Einige traditionelle chinesische Feng-Shui-Schulen werden „Kompaß-Schule" genannt, andere „Anordnungs-Schule". In Wirklichkeit müssen alle Schulen gleichermaßen, ob sie sich „Kompaß" oder „Anordnung" nennen, zunächst die Hauptrichtungen und -orte bestimmen. Sie haben ein ganz ähnliches Regelwerk, wenn es um Einrichtung und Dekoration geht oder um architektonische Fragen wie Türen und Fenster. Die Bezeichnungen „Kompaß-Schule" und „Anordnungs-Schule" sind von modernen Meistern selbst geprägt worden. Unter dem Begriff „Anordnungs-Schule" agieren Meister, die sich ausschließlich damit befassen, Gegenstände anzuordnen, oft ohne sich auf einen Kompaß oder eine andere anerkannte Methode der Feng-Shui-Tradition zu beziehen. Diese Schule ist deshalb entstanden, weil es nicht nur Zeit, Ausdauer und ein umfassendes Verstehen erfordert, eine der traditionellen Lehren des Feng Shui zu lernen, sondern auch die Annahme durch einen Meister voraussetzt, der schwer zu bekommen ist. So bestehen also beide Schulen nebeneinander, und beide haben ihre Schüler und Anhänger.

2. Eine kurze Geschichte des Feng Shui

Feng Shui hat sich historisch parallel zu chinesischer Astrologie und Wahrsagekunst entwickelt. Auch wenn es keine genauen Angaben darüber gibt, wann und von wem das Feng Shui entwickelt wurde, so wissen wir doch, daß seine Wurzeln bis in mythologische Zeiten zurückreichen. Die offensichtliche Verwandtschaft des Feng-Shui-Kompaß zum Magnetstein-Kompaß führte zu der Annahme, daß das Feng Shui genauso alt sei wie dieser. Der Magnetstein-Kompaß wird auf den legendären Helden, Priester und Herrscher „Gelber Kaiser" zurückgeführt, dessen Wirkungszeit man auf 2700 v. Chr. schätzt. Es gibt keinen historischen Beweis für diese Annahme, doch soviel scheint klar: Der Gebrauch des Kompaß in China hat in der Tat eine sehr lange Tradition.

Es gibt nur wenige historische Berichte über das Feng Shui, doch Ausgrabungen in China in den letzten achtzig Jahren haben Inschriften aus dem vierten und dritten vorchristlichen Jahrhundert zutage gefördert, die sich indirekt und fragmentarisch darauf beziehen.

Einige Historiker nehmen an, daß das Wissen vom Feng Shui und seiner praktischen Anwendung während der Frühlings- und Herbstperiode oder in der Zeit der Streitenden Reiche (770–221 v. Chr.) niedergeschrieben wurde. Dies geschah zeitgleich mit der Entwicklung des *Yijing*, der Theorie von *Yin und Yang* und den kosmologischen Konzepten, die auf der Lehre von den Fünf Elementen beruhen. Diese Annahme scheint plausibel, denn die Theorie des Feng Shui ist diesen Lehren eng verwandt, insbesondere dem *Yijing*, das wahrscheinlich 600 v. Chr. von Laozi herausgegeben wurde, dem legendären Schöpfer des Daoismus. Doch abgesehen von diesen bruchstückhaften Beweisen und Spekulationen gibt es wenig verläßliche Information über das Frühstadium der Entstehung des Feng Shui. Weitere Ausgrabungen in China werden hoffentlich Licht in das Dunkel dieses Teils der Geschichte bringen.

In der frühen Han-Dynastie wird der Gelehrte und Militärstratege Zhang Liang (230?–185 v. Chr.) in historischen Urkunden als praktizierender Feng-Shui-Meister bezeichnet. Die Legende erzählt, daß er sein Wissen von dem daoistischen Gelehrten Chi Songzi (Meister Rote Pinie) empfangen habe. Andere Quellen wollen wissen, daß Zhang Schüler von Huang Shigong (Meister Gelber Stein) gewesen sei. Sowohl Rote Pinie als auch

Gelber Stein gelten traditionell als die Väter des Feng Shui im alten China (obwohl Historiker darüber streiten, weil sie das Feng Shui für eine erheblich ältere Tradition halten).

Meister Rote Pinie ist für uns in diesem Buch von besonderer Bedeutung. Er wird traditionell als der Urheber der Neun Sterne, Acht Eingänge und der Bagua-Kombinations-Methode des Feng Shui angesehen, die wir im folgenden kennenlernen werden. Die Neun Sterne beziehen sich auf die sieben Sterne in dem im Westen als Großer Bär bekannten Sternbild sowie zweier imaginärer Stern-Geister. Die Acht Eingänge beziehen sich auf die acht wichtigsten Punkte auf dem Kompaß, und das *Bagua* meint die acht Trigramme, die die Grundlage der Weissagekunst nach dem *Yijing* bilden (ausführlich behandelt in Abschnitt 11).

Während der Zeit der Drei Reiche erschien ein anderer bekannter Militärstratege auf der Bühne der chinesischen Geschichte: Zhu Geliang (181–234 n. Chr.). Auch unter dem Namen Kongming bekannt, entwickelte er auf der Grundlage des *Bagua* eine taktische Formation, mit deren Hilfe er seinen Feind, die Armee von Wei, in die Falle lockte und vernichtete. Kongming war ein großer Meister der Militärstrategie wie auch des Feng Shui, und er wird als Gründer einer eigenen Feng-Shui-Schule verehrt.

Die drei Meister Rote Pinie, Gelber Stein und Kongming haben die Grundlage für alle Feng-Shui-Meister der folgenden zwei Jahrtausende gelegt, so will es die Legende. Einige glauben, daß Meister Gelber Stein außerdem der erste war, der diese Kunst dem einfachen Volk nahebrachte: Seinen Anstrengungen ist es zu verdanken, daß Feng Shui nicht länger das wertvolle und wohlgehütete Geheimnis einer privilegierten Elite von Mächtigen blieb, die mit seiner Hilfe über ihre Untergebenen regierten. Meister Gelber Stein begründete die Tradition, nach der talentierte Jünger ausgewählt werden, um das Wissen unter das Volk zu bringen.

In der Zeit der frühen Han-Dynastie (ca. 200 v. Chr.) schrieb ein Autor mit Namen Qing Niao (Grüner Vogel) eine dreibändige Abhandlung zur Theorie des Feng Shui: *Der Klassiker vom Grünen Vogel.* Ein anderer berühmter Meister, Guo Pu (276–324 n. Chr.), trat in der Zeit der westlichen Jin in Erscheinung. Er soll der Autor des *Zang Shu* (Das Buch über die Beerdigung) sein, eines legendären Werkes über das Feng Shui. Leider sind uns nur die Titel dieser frühen Werke zum Feng Shui überliefert, während die Schriften selbst längst auseinandergerissen sind, verlorengingen oder in andere Bücher integriert wurden. Bei archäologischen Ausgrabungen mag in Zukunft ein Teil der Originaldokumente gefunden werden. Alles, was wir heute haben, sind jedoch spätere Versionen, wahrscheinlich aus der Song-Dynastie (960–1279 n. Chr.). Auch hiervon sind moderne Nachdrucke nur selten erhältlich, und sie sind in einer sehr schwer verständlichen Form des klassischen Chinesisch verfaßt.

Im siebten nachchristlichen Jahrhundert gab es zahlreiche Schriften über die Kunst des Feng Shui. Doch auch von diesen sind nicht viele erhalten: Uns liegen nur eine Handvoll Titel und einige spätere Varianten von weniger berühmten Autoren vor. Einige glauben, daß die Zahl der frühen Schriften deshalb so gering ist, weil erstens Informationen durch mündliches Rezitieren weitergegeben und auswendig gelernt wurden. Zweitens gab es die Tradition der heimlichen Lehren, die verschlüsselt vom Meister an den Schüler weitergegeben wurden, eine Methode, die es den Meistern erlaubte, ihre Lehre vor gewöhnlichen Gelehrten, Kritikern und der regierenden Elite zu schützen. Feng Shui war eine Kunst im Untergrund, die sich der Aufmerksamkeit und dem Zugriff der großen Gelehrten chinesischer Kunst und Geschichte entzog. Die meisten dieser Gelehrten sahen im Feng Shui eine Sammlung folkloristischer Kunst und abergläubischer Rituale. Dies konnte jedoch nicht verhindern, daß das Feng Shui in den Köpfen und Herzen der einfachen Leute weiterlebte.

Die Lehre des Feng Shui erlebte ihre Blütezeit während der Tang-Dynastie (618–906 n. Chr.), als die Zahl der Schulen und Praktizierenden ständig wuchs. Unter den Feng-Shui-Meistern der Tang-Dynastie waren die folgenden am bekanntesten: Yang Junsong, You Yanhan, Li Chunfeng, der Zen-Meister Yi Hang, der buddhistische Mönch Shima Touto, Liu Baitou, Chen Yahe und Futu Hong, ebenfalls ein Buddhist. Von diesen hatte Yang Junsong (ca. 650 n. Chr.) den größten Einfluß auf seine Nachfolger, und durch ihn wie durch die anderen Lehrer sind uns viele unterschiedliche Schulen überliefert.

In der Song-Dynastie (960–1279 n. Chr.) lebte das Interesse an Feng Shui erneut auf, und viele neue große Meister traten in Erscheinung. Die bekanntesten unter ihnen waren Wu Aixian (11. Jh. n. Chr.) und seine Schüler, Liu Qiwan und You Gongliang. Wu Aixian gründete eine Schule mit dem Namen „Sechsunddreißig Meridiane" und schrieb eine Abhandlung über Formen und Aussehen von Bergen und das Anlegen von Friedhöfen und Wohnhäusern. Auf die Meister Liu und You geht das Entstehen zahlreicher Zweige der Feng-Shui-Praxis und ihrer Interpretationen zurück, die es in der Zeit der Ming (1368–1643 n. Chr.) und der Qing (1644–1911 n. Chr.) gab.

Man schätzt, daß in dem halben Jahrtausend, das die Dynastien der Tang und der Song umspannen, mehr als hundert Schulen miteinander rivalisierten und wetteiferten. Ihnen allen liegen die gleichen mythologischen und kosmologischen Konzepte und Theorien zugrunde. Erst später spezialisierten oder konzentrierten sie sich auf verschiedene Aspekte des Feng Shui, und es entwickelten sich unterschiedliche Interpretationen daraus. Einige Schulen wurden im Laufe der Zeit von anderen übernommen oder in sie integriert. Im folgenden finden Sie eine Liste der sieben großen Schulen des Feng Shui, die seit der Zeit der Tang und der Song anerkannt sind und die heute die Praxis des Feng Shui beeinflussen:

1. Neun Sterne, Acht Eingänge und die Kombinationsmethode des Bagua
2. Unvermutete Eingänge und gewundene Wege
3. Die Orthodoxie der Fünf Elemente
4. Doppelter Berg, Drei Harmonien und Fünf Elemente
5. Bagua und die Fünf Elemente
6. Tiefe Leere und die Fünf Elemente
7. Die Hongfen-Fünf-Elemente

3. Die Theorie des Feng Shui

Die Theorie des Feng Shui ist ein kosmologisches Konzept, das auf der Philosophie des Daoismus und ihrer Vorstellung von Mensch und Universum basiert. Ziel ist die Vereinigung von Himmel, Erde, Mensch und Materie durch die Kraft des Großen Einen (*Taiji*).

Man glaubte, wenn diese Einheit bestünde, werde die Lebenskraft *Qi* in allen lebenden und nicht lebenden Dingen fließen, und gute und glückhafte Ereignisse würden die Folge sein. Eine Blockade von *Qi* werde dagegen das Gegenteil bewirken: Übel und Unglück.

Das Herzstück des Feng Shui, um das sich zahlreiche Mythen und Volkserzählungen ranken, ist die Theorie von der Einheit von Himmel, Erde und Mensch. Dieses System abstrakter kosmologischer Gedanken wurde durchmischt mit einem Volksglauben, der sichtbare und

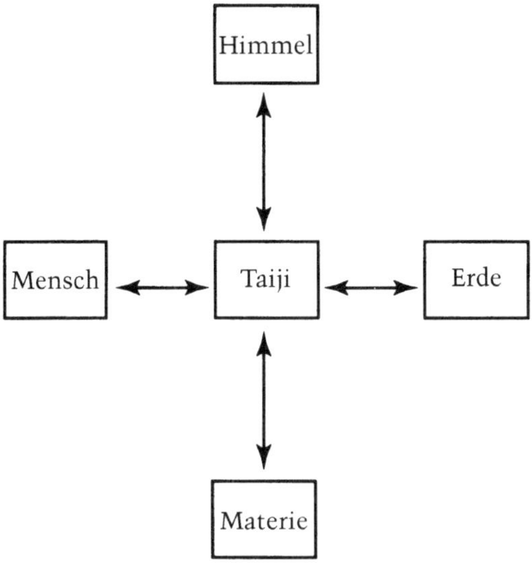

Abb. 2: Die Kosmologie des Feng Shui

unsichtbare Mächte auf der Erde und den mysteriösen und komplexen Einfluß dieser Mächte auf den Menschen zu erklären suchte. Vordringlicher Zweck des Volksglaubens war nicht, mit unvorhersehbaren Ereignissen im Leben besser fertigzuwerden. Wichtiger war das spirituelle Streben nach innerer Stärke in schweren Zeiten und bei Katastrophen. Für die alten Chinesen waren die Einheit von Mensch und Natur – und nicht die Eroberung der Natur durch den Menschen – die notwendige Vorbereitung auf die spirituelle Atmosphäre, in der Mensch und Universum eins sein können. Ihre Volksweisheit lehrte sie die Fähigkeit, das Unerklärliche zu akzeptieren und schuf zugleich eine Grundlage für Frieden und Hoffnung in ihrem Leben und für Träume von Dauerhaftigkeit und Reichtum. Diese Einsicht ist für Chinesen von großer Bedeutung. Sie ist zugleich beruhigend und praktisch: Sie bedeutet, daß der Geist über der Materie steht und manifestiert den Willen weiterzukommen. Sie ist verwurzelt in der Harmonie zwischen Mensch und Natur und schafft einen humanistischen Gleichklang ganz besonderer Art.

Die wesentlichen Aspekte des Feng Shui lassen sich in den folgenden Begriffen zusammenfassen:

Der *Himmel* ist ein Konzept, das Götter, Geister und Sterne umfaßt, und zwar im astrologischen wie auch im mythologischen Sinne; außerdem Zeit (einschließlich des Wechsels der Jahreszeiten) und all die Dinge, in denen sich die sichtbaren und unsichtbaren Kräfte und Gewalten des Kosmos manifestieren. Die vielen Techniken der Wahrsagerei, wie Zahlenkunde u. a., werden ebenfalls mit dem Himmel in Verbindung gebracht.

Erde und *Materie* bezeichnen sichtbare und unsichtbare Dinge und Zusammenhänge auf der Erde: Geographische Gegebenheiten, die Richtungen, das Anordnen und Plazieren von Dingen, außerdem die Fünf Elemente, die Naturgewalten, die natürliche Ordnung von Gleichgewicht und Gegensatz sowie die unsichtbaren und voneinander abhängigen Einflüsse von Bergen, Flüssen, Bäumen, Steinen, Tieren, Menschen, Häusern, Dingen usw. – all diese Dinge gehören zum Bereich Erde und Materie. Auch Elemente des Übernatürlichen wie Geister und Gespenster gehören dazu, weil sie im Zusammenhang mit Menschen auf der Erde existieren. Die Dimensionen des Unsichtbaren kennen weder Zeit, Raum, noch irgendwelche meßbaren Grenzen. Im alten China glaubte man, daß wir alle diese Erde miteinander teilen, ob freundlich, verletzend, friedlich oder zerstörerisch.

Mensch meint den menschlichen Verstand und Geist, der sich mit Himmel, Erde und Materie vereinigen muß, damit Harmonie und Gleichgewicht erreicht werden können. Voraussetzung hierfür ist das Aufbauen eines positiven Zusammenhalts aller Kräfte der Natur, so daß sie gleichmäßig fließen können und das Leben fördern.

Taiji und *Qi* sind einzigartige Begriffe der chinesischen Kosmologie und werden oft als das „Große Eine" bzw. „Lebenskraft" übersetzt. Im alten China glaubte man, daß das geheimnisvolle *Taiji* der Ursprung des Universums selbst ist, das in sich die gegensätzlichen Kräfte *Yin* und *Yang* berge, die wiederum Quelle der aktiven, unsichtbaren, lebensspendenden Kraft *Qi* sind. Da *Taiji* die Quelle dieser Lebenskraft ist, können einzig durch *Taiji* alle Dinge eins werden.

Qi hat keine Form, Gestalt oder Dimension, doch durch das *Qi* manifestieren sich alle Dinge im Universum real (sichtbar) oder irreal (unsichtbar). Physischer Verfall bedeutet das Schwächerwerden von *Qi*, und physischer Tod ist seine Abwesenheit. Es ist ein großes, abstraktes Konzept der Einheit und Harmonie aller Dinge.

Deshalb glauben die Chinesen seit jeher, daß der Mensch das *Qi* schützen und pflegen muß, um dessen kontinuierliches Wachstum und Fließen zu ermöglichen. Der Daoismus lehrt, daß das innere Pflegen von *Qi* Gesundheit und langes Leben fördern kann. Entsprechend wird das Schützen von *Qi* innerhalb eines Hauses oder einer Wohnung zu Frieden und Harmonie führen. Dieses Konzept des *Qi* und seiner Existenz beeinflussen alle Zweige der chinesischen Kunst und Philosophie, von der Poesie und Malerei bis hin zur Akupuktur, Meditation und Kräutermedizin, ja bis hin zu Körperübungen, Kampfkunst und Feng Shui.

4. Was ist ein Qi-Zentrum?

Da alle Dinge des Universums, lebende und nicht lebende, *Qi* besitzen, hat jedes Zimmer eines Gebäudes, eines Hauses oder einer Wohnung, wenn man es als eine Anhäufung von Materie sieht, sein ganz eigenes und einzigartiges *Qi*. In jedem Raum befindet sich irgendwo ein Ort von besonders intensivem *Qi*. Hier ist das *Qi*-Zentrum. Genau wie das *Qi* eines Lebewesens geschützt werden muß, so braucht auch das *Qi* eines Raumes Aufmerksamkeit und Pflege. Mit anderen Worten, ein Haus oder ein Raum ist zu behandeln wie ein Lebewesen, das *Qi* besitzt. Es hat seine speziellen Eigenschaften, seine eigenen Ausrichtungen, seine guten und schlechten Vernetzungen. Die Leute, die in dem Raum leben, teilen seine Existenz mit anderen lebenden und nicht lebenden Dingen. Feng Shui ist eine sehr besondere und umfassende Kunst, die die Tatsache akzeptiert, daß andere Formen von Energie – auch Götter und Geister – ihren Platz neben all den anderen Dingen haben, die es auf der Erde gibt.

Deshalb ist es ein wichtiger Schritt, das *Qi*-Zentrum in einem Raum lokalisieren zu lernen. Alles geht von diesem Zentrum aus, das verschiedene Meister auf verschiedene Art bestimmen. Die einen ziehen es vor, ein *Qi*-Zentrum für das ganze Haus zu lokalisieren, um gute und schlechte Stellen auszumachen. Andere wiederum bevorzugen eine Raum-für-Raum-Methode, eine genauere und detailliertere Variante. Jede Methode hat ihre Schüler und ihre Gläubigen, und jede hat ihre Vorzüge. In diesem Buch werden wir bei unseren Raumanalysen die Raum-für-Raum-Methode anwenden.

Nachdem wir das *Qi*-Zentrum ausgemacht haben, werden wir die Neun-Sterne-, Acht-Eingänge- und die Bagua-Kombinations-Methode kennenlernen. Mit ihrer Hilfe werden wir die günstigen und ungünstigen Orte innerhalb eines Raumes bestimmen. Es handelt sich um ein sehr altes Verfahren, doch eines, das sich gut für modernes Design eignet, weil es eine flexible Anpassung an besondere Gegebenheiten und Wünsche erlaubt. Diese traditionelle Methode wird im Fernen Osten von vielen Feng-Shui-Meistern bis heute angewendet. Es ist die Tradition, die in meiner Familie von meinem inzwischen verstorbenen Großvater Lau Baifu (1877–1941) weitergegeben wurde, der sie in Hongkong bis zum Beginn des Zweiten Weltkrieges praktizierte. Mein Großvater starb zwei Tage, bevor Hongkong von den Japanern besetzt und dadurch in der Folge von den Leiden des Krieges verschont wurde. Wir haben oft Witze über den gut gewählten Zeitpunkt seines Todes gemacht!

5. Das Qi-Zentrum lokalisieren

Mit ein bißchen Erfahrung kann man das *Qi*-Zentrum mit bloßem Auge lokalisieren. Man kann diese Fähigkeit durch Übung erlangen, so wie ein guter Tischler die Qualität eines Stückes Holz, seine Glattheit oder Unregelmäßigkeit, erkennt, indem er es befühlt und sich ein Ende davon genau ansieht. Die visuelle und physikalische Untersuchung des Stückes Holz sind gleichermaßen erforderlich. Das gilt auch für das Sehen und Lokalisieren des *Qi*-Zentrums in einem Raum.

Um die inneren und äußeren Gegebenheiten eines Ortes zu verstehen, ist es unerläßlich, selbst dort hinzugehen. Sie können das *Qi*-Zentrum durch Maßnehmen mit den Augen lokalisieren und mit Hilfe von Kompaß und der Methode der Neun Sterne wichtige Punkte darum herum ausmachen. Es hängt von der Erfahrung des Praktizierenden ab: Je nachdem, wie kompliziert Ort und Umgebung sind, werden Sie vielleicht mehr als einmal zu dem fraglichen Ort hingehen müssen, um all diese Dinge zu erfassen.

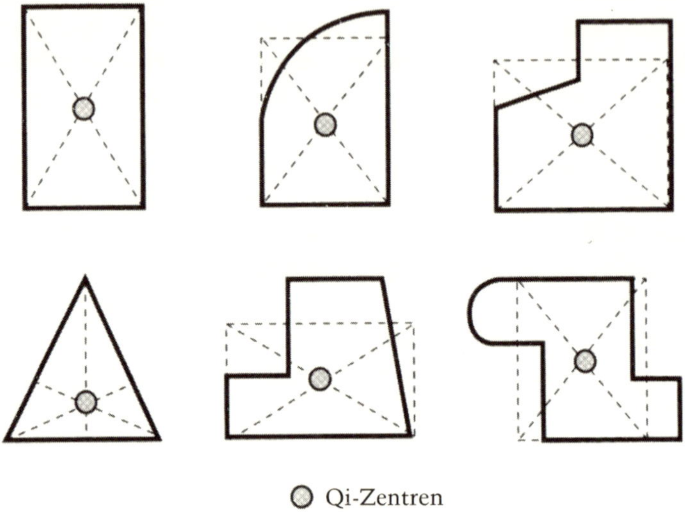

Abb. 3: Eine vereinfachte Methode, Qi-Zentren zu bestimmen

Um das *Qi*-Zentrum eines geschlossenen Raumes zu bestimmen, stellen Sie sich abwechselnd in die diagonal einander gegenüberliegenden Ecken des Zimmers und schätzen Sie, wo sich die von Ecke zu Ecke verlaufenden Diagonalen kreuzen. Da, wo sich diese Linien treffen, ist das *Qi*-Zentrum – mit anderen Worten: Es ist der gemeinsame Punkt der wichtigsten diagonalen Ecklinien des Zimmers (vgl. Abb. 3). Es braucht einige Übung, um diese visuelle Kunst zu beherrschen. Anfänger können Maßbänder verwenden oder Zeichnungen anfertigen, um den Punkt zu finden. Diese Hilfsmittel sind nützlich, doch mit der Zeit sollten Sie ohne sie auskommen. Wenn der Raum unregelmäßig geformt ist, führen Sie ihn in Gedanken auf eine einfache geometrische Form zurück, wie in *Abb. 3* gezeigt.

Dies ist der erste Ansatz, das *Qi*-Zentrum eines Raumes zu bestimmen. Fortgeschrittene Fachleute und Meister, die über langjährige Übung und reiche Erfahrung verfügen, kombinieren ihr Augenmaß mit Aura-Lesen und Körpergefühl, um das *Qi*-Zentrum zu finden. Wenn Sie das *Qi*-Zentrum bestimmt haben, können Sie, zur weiteren Orientierung und um die Sektoren zu analysieren, mit Kompaß und der Neun-Sterne-Methode arbeiten.

Vergessen Sie bei all dem nicht, daß man das *Qi*-Zentrum im alten China wie einen abstrakten Punkt ansah, der bildlich das physische Herz eines lebendigen Menschen ist. Es ist ein spiritueller Ort im Raum, der respektiert, geschützt und gepflegt werden will. Wenn das *Qi*-Zentrum geschwächt, zerstört oder blockiert ist, können böse Geister und unsichtbare Mächte ihren bösen Einfluß im Raum ausüben und dadurch bei denen, die hier leben oder arbeiten, die Dinge durcheinanderbringen, Unheil stiften und Unwohlsein und Konflikte hervorrufen. Wir bewegen uns hier in den Bereich des Übernatürlichen hinein. All dies kann eine Anregung für Sie sein, kreativ über Ihr Leben und Ihre Umgebung nachzudenken.

6. Yin und Yang

Yin bezieht sich auf die ruhigen, inaktiven Teile eines Raumes, in denen es keine Türen, keine Eingänge, Fenster oder sonsigen Öffnungen gibt. *Yang* steht für die aktiven Teile eines Raumes, solche, in denen potentiell Bewegung stattfindet, also die Teile mit Türen, Öffnungen und Fenstern (vgl. *Abb. 4*).

In einem Schlafzimmer ist es zum Beispiel gut, das Bett in oder in der Nähe der *Yin*-Seite aufzustellen. Der gefährlichste Ort ist in der Nähe der Fenster, wo kalte

Winde Krankheiten und Kopfschmerzen hervorrufen können. Zuviel aktives Sonnenlicht oder blendende Helligkeit sind ebenfalls ungünstig. Vorhänge, Blenden oder anderes können die *Yang*-Seite eines Raumes etwas dämpfen. Ziel ist es, ein gutes Gleichgewicht zwischen dem Aktiven und dem Inaktiven eines Raumes herzustellen.

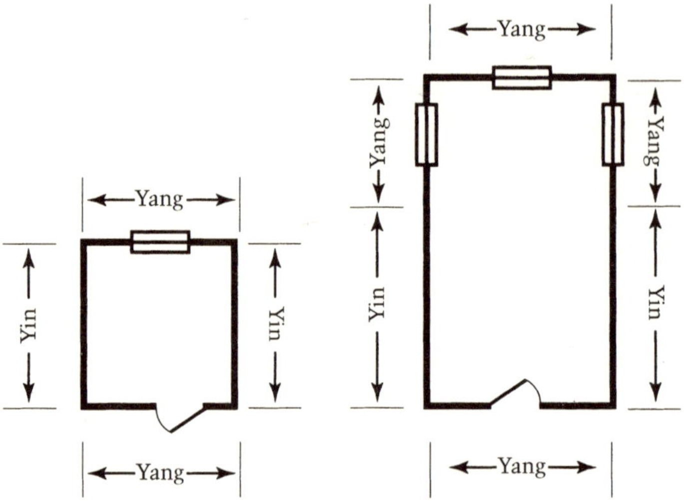

Abb. 4: Die Yin- und die Yang-Seiten eines Raumes

Das Bett in unmittelbarer Nähe zu einer aktiven Tür aufzustellen, ist ebensowenig wünschenswert: In dieser *Yang*-Gegend herrschen Lärm, Durchzug, und die Türkante ist wie die Klinge eines Messers auf das Bett ausgerichtet, etwas, womit wir uns später noch befassen werden. Ein Bett muß an einem ruhigen und freundlichen *Yin*-Platz innerhalb des Raumes stehen.

7. Die Fünf Elemente

Das kosmologische Gedankengut des Daoismus teilt alle Dinge des Universums in Komponenten von fünf zugrundeliegenden Elementen ein: Metall, Holz, Wasser, Feuer und Erde. Diese können einander sowohl ergänzen als auch in Widerspruch zueinander stehen (vgl. *Abb. 5*). Alle Gegenstände in einem Raum sind eine Zusammensetzung aus einem oder mehreren dieser Elemente und können daher so arrangiert werden, daß sie einen bestimmten Effekt im Sinne des *Feng Shui* erzielen. Dinge können mit oder entgegen der eigenen Elemente plaziert werden, so daß sie einander neutralisieren, ausgleichen oder ergänzen und so indirekt die Verfassung des Menschen beeinflussen, der in diesem Raum lebt oder arbeitet.

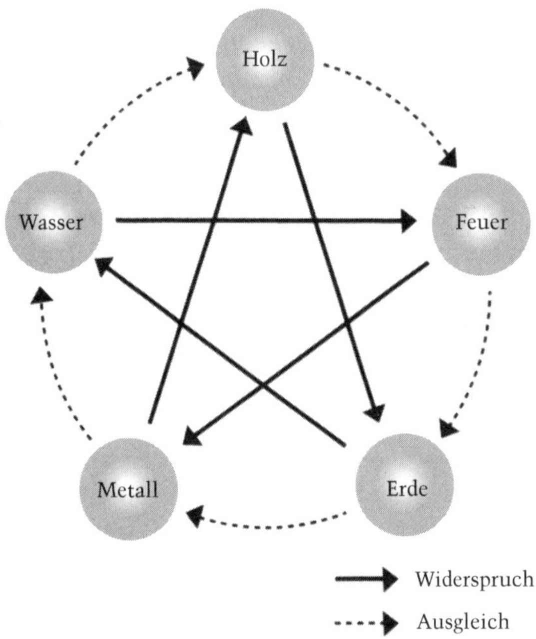

Abb. 5: Der Kreislauf der Fünf Elemente

Es ist gut, die Dinge so zu arrangieren, daß sie einander ausgleichen und die Harmonie fördern. So ist es nach der Theorie der Fünf Elemente zum Beispiel nicht gut, Holz oder hölzerne Gegenstände nah an einen Herd oder Ofen zu stellen, weil Metall sich nicht mit Holz verträgt. Ein Holzstuhl direkt neben einem metallenen Herd bringt Konflikte und das Risiko eines Feuers. Da aber Metall und Wasser einander ergänzen ist es gut, eine Wasserquelle zwischen Holzstuhl und eisernem Herd zu installieren, ein Waschbecken etwa oder eine Schale mit Wasser. Zwar steckt in einem Herd auch das Feuer-Element, das mit Wasser in Widerspruch steht, doch ist das Feuer in diesem speziellen Fall in Metall integriert, das den direkten Kontakt von Feuer und Wasser verhindert und dadurch die Gefahr neutralisiert. Sie können das Feuer-Element des Herdes auch ansprechen, indem Sie tönerne Töpfe zum Kochen verwenden (Ton ist Erde), denn die Elemente Feuer und Erde ergänzen sich.

Es ist interessant, daß ein moderner Herd oder Ofen, der aus Metall mit Feuer darin besteht, vom Feng Shui her betrachtet in Widerspruch mit sich selbst ist. Im alten China hatte man Öfen aus Lehm oder Ziegeln und verwendete zum Kochen lieber Keramikware als Metalltöpfe und -pfannen. In einer modernen chinesischen Küche, die wie dic westliche mit metallenem Herd, Ofen und allen möglichen metallenen Kochwerkzeugen ausgestattet ist, ist es durchaus üblich, einen Altar für den „Küchengott" aufzubauen. Es ist eine Einladung an ihn, sich an diesem wichtigen Ort als Wächter und Beschützer aufzuhalten und über die vielen potentiell gefährlichen Aktivitäten zu wachen, die hier stattfinden.

8. Die Mythologie der Vier Richtungen

Die Chinesen waren immer schon ein Agrarvolk und brachten den Richtungen der Gewalten und Ereignisse, die ihr Leben berührten, sowohl Respekt als auch Furcht entgegen und maßen ihnen große Bedeutung bei. Es waren dies der Sonnenaufgang (Osten), der Sonnenuntergang (Westen), kalte Winde (Norden) und warmer Sonnenschein (Süden). Außerdem standen die Menschen unter dem Einfluß nicht jahreszeitlich bedingter Winde und weiterer Erscheinungen aus den anderen Quadranten (NO, NW, SO, SW). Die Fünf Elemente, um die es in Kapitel 7 ging, wurden ebenfalls mit den Punkten des Kompasses in Verbindung gebracht: Der Norden ist die

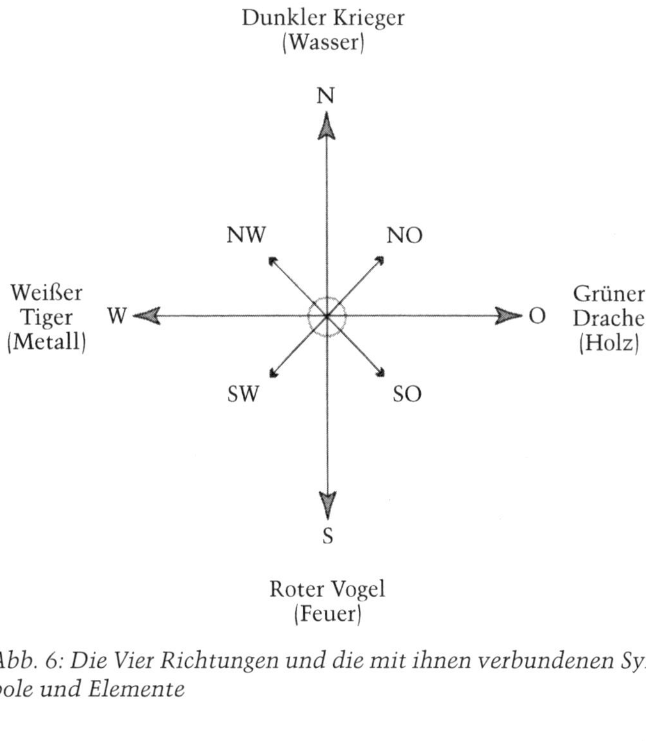

Abb. 6: Die Vier Richtungen und die mit ihnen verbundenen Symbole und Elemente

Domäne des Wassers, der Süden die des Feuers, im Osten wohnt das Holz und im Westen Metall. Die Erde befindet sich in der Mitte, umgeben von allen anderen Richtungen und Elementen.

Im Laufe der Jahrhunderte hat sich ein ganzes Gerüst von Mythen und Volkserzählungen um die Vier Hauptrichtungen und die damit verbundenen kosmologischen Phänomene gerankt (*Abb. 6*).

Der Norden. Diese Richtung ist die Heimat des Dunklen Kriegers Zhen Wu, der ein Gewand in dunkellila trägt und langes, fliegendes, tiefschwarzes Haar hat. Der Norden symbolisiert den *Yin*-Aspekt der Dinge, und sein Element ist das Wasser.

Zhen Wu ist der Fürst des Nordens und der Gott des Winters. Er hat den zentralsten und ruhmreichsten Thron am Nachthimmel inne, den Nordstern, um den sich alle Gebilde und Sterne im Laufe der vier Jahreszeiten drehen. Am Nachthimmel ist er das Symbol für Gerechtigkeit und Weisheit, weil er die Position des Nordens genau anzeigt. Der Dunkle Krieger hat zwei treue und weise Jünger, die Schlange (Symbol der Fruchtbarkeit) und die Schildkröte (Symbol für langes Leben). Er ist der edle Richter und der erhabene Führer aller Sterne seines nächtlichen Königreiches. Er wacht über den kalten und stürmischen Winterwind des Nordens, der über die Ebenen in der Mongolei hinwegfegt, jedes Wachstum verhindert und den Menschen Krankheit und Leid bringt. Er hat die Macht, alle wilden und gefährlichen Tiere und Kreaturen dazu zu bringen, sich zum Winterschlaf zurückzuziehen. Doch ist er zugleich auch derjenige, der mit dem Beginn des Frühlings und dem Wiederaufleben der Natur das Ende des Winters anzeigt.

Nach dem Feng Shui sollte es in der Nordwand eines Hauses keine wie immer gearteten Öffnungen geben. Es ist besser, im Norden eine solide, schwere Mauer zu haben und im Süden Eingänge und Fenster einzubauen, um das Sonnenlicht des Südens hereinzulassen und die kalte Luft des Nordens zu neutralisieren. Häufige Eis- und Schneevorkommen sind ein weiterer Grund, den Haupteingang des Hauses nicht nach Norden auszurichten. Innerhalb eines Hauses, das durch solide Außenwände geschützt ist, sind nach Norden gelegene Eingänge in Wohnraum oder Schlafzimmer akzeptabel. Was nach Norden gelegene Oberfenster und Dachluken betrifft, so ist es gut, sie an einem abschüssigen Dach oder in einem Winkel anzubringen, damit sie dem Dunklen Krieger nicht direkt von Angesicht zu Angesicht gegenüberstehen! Wenn Sie im Innern des Hauses der Nordwand optisch etwas Wärme verleihen wollen, können Sie Bilder oder Wandschmuck in rot, orange oder sonst einer warmen Farbe aufhängen, um die frostige Ecke zu neutralisieren. Eine warme Feuerstelle an der Nordwand erfüllt den gleichen Zweck.

Süden. Dies ist die Domäne des Roten Vogels oder Phoenix, auch als Feuervogel bekannt. Im chinesischen Volkstum steht der Phoenix für das weibliche Geschlecht. Im Feng Shui jedoch repräsentiert er die Kraft des *Yang*, den Sommer, die Wärme, die sonnige südliche Richtung, und sein Element ist das Feuer. Bauern in China begrüßen die warme Sonne, die ihr Getreide wachsen läßt und zu einer reichen Ernte im Herbst führt; zugleich fürchten sie den Roten Vogel, denn zuviel Sonnenlicht kann zu Dürre führen und Getreide wie auch Land schädigen.

Im äußeren sowohl als auch im inneren Feng Shui ist der Süden die vielversprechendste Richtung. Traditionelle chinesische Städte, Tempel und andere Gebäude waren gewöhnlich nach Süden ausgerichtet. Die Verbotene Stadt in Peking ist genau auf einer Nord-Süd-Achse errichtet, und alle wichtigen Hallen weisen nach Süden. Eine gewaltige Mauer wurde um den ganzen Komplex herum gebaut, die wichtigsten Tore und Türen sind nach Süden ausgerichtet, und im Norden wurden künstliche Hügel errichtet, um schlechte Einflüsse aus dieser Richtung abzuwehren.

Osten. Der Grüne Drache steht für den Osten und ist zugleich ein Symbol für den Frühling, wenn in der Natur alles zu erwachen und zu wachsen beginnt. Der Drache gilt in China als majestätisches und glückverheißendes Tier. Er steht für den Kaiser und repräsentiert außerdem das männliche Geschlecht. Das Element des Grünen Drachens ist das Holz, das sich mit Feuer ergänzt, jedoch in Widerspruch zu Erde und Metall steht. Im äußeren Feng Shui wird eine Bergkette mit -kämmen „Drache" genannt. Im inneren Feng Shui wirkt eine solide Wand oder ein hoher Schutzschirm, um einen Stuhl oder Tisch herum gestellt, genauso: als Schutz vor unguten Einflüssen.

Wenn sich hinter einem Haus ein kleiner Hügel oder Berg befindet, so gilt es als günstig, einen kleinen Fluß oder ein Bächlein im Osten entlangfließen zu lassen, um das Grundstück zu wässern. Und das Grundstück sollte im Osten (durch den Grünen Drachen symbolisiert) eine Spur höher sein als im Westen (symbolisiert durch den Weißen Tiger), denn in der chinesischen Mythologie ist der Drache das Symbol des Herrschers und sollte daher an erhöhter Stelle residieren. Die Skulptur oder das Gemälde eines chinesischen Drachen, an der inneren Ostseite eines Hauses aufgehängt, kann zuweilen böse Geister verjagen oder auch einen unerwünschten Ausblick nehmen, etwa den auf einen Schornstein in der Ferne, auf einen großen, kantigen Gegenstand mit spitzen Ecken, einen toten Baum oder den auf einen Friedhof.

Westen. Dies ist die Domäne des Weißen Tigers, dessen Element Metall ist. Der mutige Tiger repräsentiert den Herbst und ergänzt sich mit Wasser, steht dagegen in Konflikt mit Holz und Feuer. Daher ist Wasser gut für den Westen. Wasser steht für *Yin* und damit für Fruchtbarkeit, Blüte, Reichtum und Wachstum. Außerdem hat Wasser einen ganz besonderen Einfluß auf das Nähren des *Qi* jedes Raumes. Alle Dinge, die mit Wasser zu tun haben, sind ebenfalls gut für die westliche Seite: ein See, Teich, Fluß oder Bach, ein Aquarium mit Gold- oder mit tropischen Fischen, Wasserpflanzen, eine Vase mit Grün und Blumen oder eine Vase mit nur Wasser. Im chinesischen Volksglauben gilt der Tiger als *Yang* oder Symbol des Männlichen, das sich mit dem *Yin*-Symbol des Wassers ergänzt. In der chinesischen Mythologie ist der Tiger ein edles Tier, das die Himmelspforten zum Westlichen Paradies bewacht, und ein treuer Jünger Buddhas, *Lohan*, der ihm dient, um böse Geister abzuwehren.

In der modernen Praxis des Feng Shui bedeutet Wasser, das sich im Westen eines Raumes befindet, Geld und Reichtum. Andere wiederum sehen in dieser Ausrichtung vor allem Fruchtbarkeit, Liebe und Romantik, denn Wasser fördert solche Ereignisse und Beziehungen. Daher ist die westliche Wand und zuweilen die nordwestliche Ecke eines Schlafzimmers bevorzugter Ort für Arrangements irgendwelcher Art mit Wasser. In Tempeln und Klöstern sind Altäre und Schreine oft so ausgerichtet, daß sie dem Westen entgegensehen. Denn dies ist die Richtung des Westlichen Paradieses, wo alle chinesischen Götter wohnen. Im Daoismus ist der Westen außerdem der Garten der Königinmutter des Westens, Si Huangmu.

9. Die Neun Sterne und ihre Bedeutung

Nachdem wir nun jeder der Vier Richtungen einen Besuch abgestattet haben, müssen wir uns dem Großen Wagen zuwenden, der im Laufe der Jahreszeiten auf den majestätischen Nordstern hinweist, den Thron von Zhen Wu, dem Dunklen Krieger (*Abb. 7*). Viele Jahrhunderte lang war der Nordstern, im Westen auch als Polarstern bekannt, Reisenden und Seefahrern ein zuverlässiger Führer, indem er ihnen die genaue Richtung des Nordens anzeigte, und das seit etwa 1000 v. Chr. Und er wird das noch bis etwa 4000 n. Chr. tun, bis er von Vega verdrängt wird. Die lange Herrschaft Zhen Wus über den nördlichen Teil des nächtlichen Himmels gibt irdischen Dynastien selbstverständlich Anlaß zu Gefühlen von Neid!

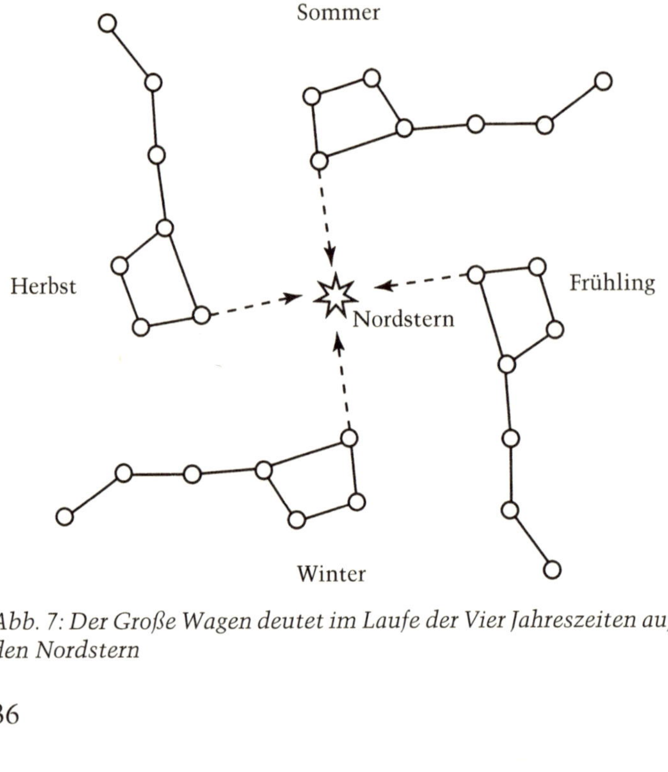

Abb. 7: Der Große Wagen deutet im Laufe der Vier Jahreszeiten auf den Nordstern

Eine ganze Schule des Feng Shui befaßt sich wegen dessen Beziehung zum Nordstern mit dem Großen Wagen. Es ist dies die früher erwähnte Schule der Neun Sterne, Acht Eingänge und der Bagua-Kombinations-Methode. Wir werden lernen, sie im Laufe unserer detaillierten Raumanalyse anzuwenden, wenn es darum gehen wird, gute und schlechte Teile des Raumes auszumachen.

Der Große Wagen am Nachthimmel hat nur sieben Sterne. Doch kommen im Feng Shui (wie auch in der chinesischen Astrologie und Wahrsagekunst) zwei virtuelle Sterne hinzu, gemeinhin als Stern-Geister bekannt. Sie repräsentieren die beiden Hauptaspekte des *Yijing*-Orakels, die jeweils gute bzw. schlechte Vorzeichen sind. Die sieben sichtbaren Sterne werden wie folgt numeriert und benannt: 1. Leben und Wachstum, 2. Himmlische Heilung, 3. Katastrophe, 4. Sechs Konflikte, 5. Fünf Geister, 6. Kontinuität, 7. Tod. Zu diesen sieben sichtbaren kommen zwei imaginäre Stern-Geister hinzu, nämlich 8. der Linke Assistent und 9. der Rechte Assistent. Beide werden dem Stern der Kontinuität zugerechnet, so daß insgesamt ein Bild von Neun Sternen entsteht (*Abb. 8*).

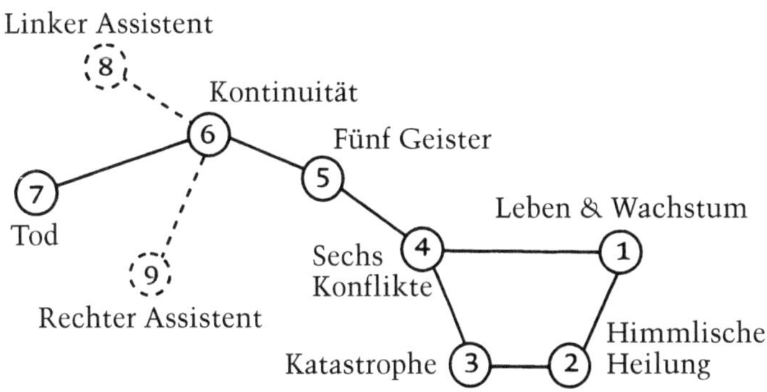

Abb. 8: Die Neun Sterne im Großen Wagen

Die Neun Sterne repräsentieren positive und negative räumliche Dimensionen und sind für die Analyse eines Ortes nach dem Feng Shui fundamental wichtig. Im folgenden finden Sie eine Aufstellung der Eigenschaften, die jeweils mit den Neun Sternen in Verbindung gebracht werden (in Teil II werden wir lernen, diese Information bei der Analyse eines Ortes umzusetzen):

1. *Leben und Wachstum* (positiv): Gut für alle Aktivitäten wie auch für Schlaf-, Wohnzimmer und Küchen.
2. *Himmlische Heilung* (positiv): Gut für Eßzimmer, Küchen, Schlafzimmer, Sitzgruppen und alle Räume, an und in denen sich viel menschliches Leben abspielt.
3. *Katastrophe* (negativ): Ein schlechter Ort für menschliche Aktivitäten. Sie tun gut daran, Glücksbringer an solch einem Ort aufzustellen, um den schlechten Einfluß dieses Ortes aufzulösen oder zu neutralisieren. Zu diesem Zweck können Sie einen der folgenden Gegenstände verwenden: eine große, schwere Skulptur wie die eines Löwen, Tigers oder Drachen; einen kleinen Brunnen; ein Fischglas oder ein Aquarium; eine große Vase mit Wasser und grünen Pflanzen; einen Kaktus (mit Stacheln, die üble Einflüsse abwehren können) oder auch das Bildnis einer gütigen religiösen Gestalt.
4. *Sechs Konflikte* (negativ): An diesen heiklen und tükkischen Ort sollten Sie auf keinen Fall Küche, Eßtisch oder einen allgemeinen Familienraum legen! Auch für Schlaf- und Wohnzimmer oder Konferenzräume ist er nicht günstig, es sei denn, ein Feng-Shui-Spezialist weiß, wie er den Raum aufwerten kann. Bücherregale, Fernseher, Videorecorder, Stereoanalgen und Dekorationen sind an einem solchen Ort gut untergebracht, nicht aber Sofas, Tische oder Arbeitsflächen.
5. *Fünf Geister* (negativ): Auch dieser Ort ist problematisch, insbesondere für tägliche Aktivitäten, und auch

als Schlafzimmer ist er ungeeignet. Sie können Möbel und ähnliches hier unterbringen, solange sie nicht Mittelpunkt sozialer Begebenheiten oder geschäftlicher Zusammenkünfte sind. Sie können den Ort der Fünf Geister sogar zu Ihrem Vorteil verwenden, wenn Sie ihn recht zu nutzen wissen. Mit ein bißchen Geschick kann dieser tückische Ort Ihren Kontrahenten in einer Verhandlung in eine schlechtere Position bringen. Probieren Sie das jedoch nicht aus, wenn Sie auf Ruhe und Frieden aus sind, denn es ist ein zweischneidiges Schwert. Der Chef eines Casinos oder einer Spielhölle wird seine Spieltische besonders gern hier aufstellen, um mehr Gelegenheit zu haben, die Stammkunden um ihr Geld zu erleichtern. Dieser Ort ist für einen professionellen Spieler entweder Traum oder Alptraum, je nachdem, ob er in der Lage ist, die Fünf Geister so zu manipulieren, daß sie das Geld in seine Richtung schicken.

6. *Kontinuität* (positiv): Ein guter Ort, um sich dort aufzuhalten, für Schlaf-, Wohn- und Eßzimmer, Arbeitsräume usw. Allgemein gesprochen ist der Bereich der Kontinuität ein freundlicher Ort, um dort Dinge hinzustellen, und er wird vom Linken und Rechten Assistenten noch gestärkt.
7. *Tod* (negativ): Hier sollten Sie sich nicht längere Zeit aufhalten. Bringen Sie daher niemals Küche, Eßzimmer, Sitzungszimmer, Schlafzimmer, Hobbyraum oder dergleichen hier unter. Der Ort ist allenfalls geeignet für Vorratsregale, Kleiderständer, Bücher, Stereoanlagen, Kleiderschränke sowie kleinere Möbelstücke oder Dekorationen. Installieren Sie hier keine Bar und weder Computer noch Spielzimmer noch auch das Körbchen Ihres Haustieres. Um den üblen Einflüssen des Ortes entgegenzuwirken, können Sie ein religiöses Bild aufhängen, eine große Boden- oder Wandlampe in-

stallieren, einen dornigen Kaktus (aber keine Blumen oder Grünpflanzen) aufstellen, oder drei, fünf oder sieben auf ein rotes Seidenband aufgezogene antike chinesische Münzen oder einen anderen Glücksbringer oder Talisman aufhängen, die wir später in diesem Buch noch besprechen werden.

8 und 9. *Der Rechte und Linke Assistent*: Diese imaginären Sterne sind die Begleiter der Kontinuität und helfen, andere unsichtbare Einflüsse zu absorbieren. Sie gelten weder als positiv noch als negativ, sondern als neutral, mit der Ausnahme, daß sie die Trigramme des *Yijing* repräsentieren. Sie werden daher sozusagen als „gute Kerle" angesehen. Es würde den Rahmen dieses Buches sprengen, detailliert auf das *Yijing* einzugehen, das ein sehr komplexes System von Prophezeiungen und Wahrsagekunst ist. Soviel sei gesagt: Wie wir im nächsten Abschnitt sehen werden, verwendet man bei der Methode der Neun Sterne einige Elemente des *Yijing* zur Raumanalyse.

10. Eingänge

Bevor wir einen Ort nach der Methode der Neun Sterne zu analysieren beginnen, müssen wir zunächst die Ausrichtungen des Haupteingangs oder der Eingänge bestimmen. Wir wollen eine einfache Analyse dieser Art durchführen, indem wir uns die Eingänge im Erdgeschoß eines gewöhnlichen Hauses oder einer Wohnung ansehen *(Abb. 9)*.

Im Erdgeschoß dieses Hauses oder der Wohnung befinden sich drei große Räume sowie eine Treppe zum ersten Stock hinauf oder in den Keller hinunter.

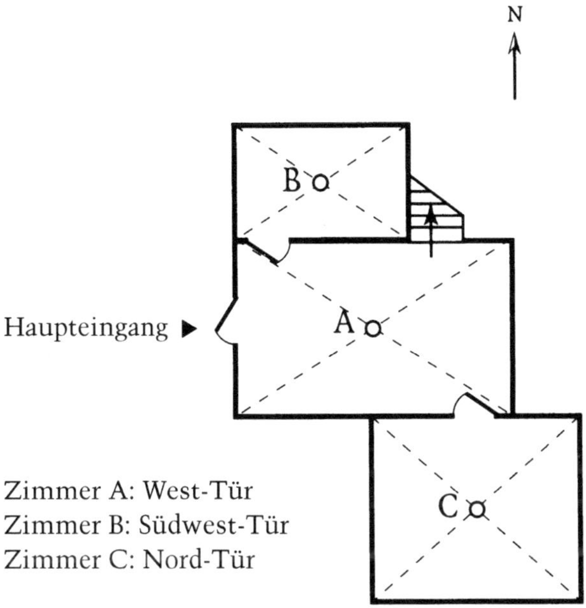

Abb. 9: Vereinfachter Plan eines Ortes. Eingezeichnet sind Eingänge und Qi-Zentren, nicht aber Fenster

Natürlich befinden sich auch Fenster und eine Hintertür in diesem Haus, doch bei unserer Raumanalyse berücksichtigen wir weder Zweittüren noch Treppen oder Fenster: Entwerfen Sie einfach, wie hier gezeigt, ein schematisches Diagramm der Anlage, und zeichnen Sie die Haupttüren und die *Qi*-Zentren ein. Denn mit Fenstern, Treppen und Hintertüren usw. beschäftigen sich komplexere Feng-Shui-Theorien. Hier wollen wir uns nur mit der Ausrichtung von Eingängen und mit der Bestimmung von guten und schlechten Teilen des Raumes befassen. Im vorliegenden Beispiel gibt es drei Räume: A, B und C. Der Haupteingang befindet sich in der Westwand von Raum A. Zimmer B hat einen Südwest-Eingang und Zimmer C einen im Norden.

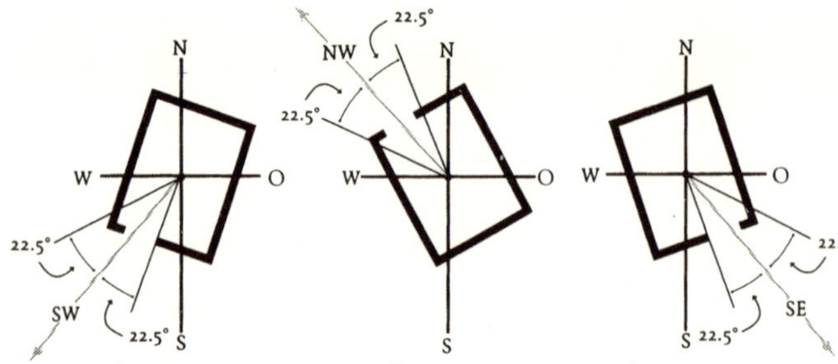

Abb. 10: Eingänge in Räumen, die auf jeweils unterschiedlichen Achsen liegen

In einer Wohnung oder einem Haus ist die vordere Tür der Haupteingang. Wenn eine Anlage mehr als einen Eingang hat, etwa ein Geschäft oder ein Restaurant, betrachten Sie den am häufigsten genutzten als den Haupteingang. Wenn eines der Zimmer mehrere Türen hat, wie etwa das Eltern-Schlafzimmer, ein großes, offenes Arbeitszimmer oder ein Vorratsraum, so betrachten Sie entweder die der Haus- oder der Wohnungstür am nächsten gelegene als Haupteingang, oder diejenige Tür, die am häufigsten genutzt wird. Wie gesagt, wir berücksichtigen bei dieser grundlegenden Raumanalyse keine Nebentüren, -durchgänge oder -eingänge.

Das Beispiel in *Abb. 9* ist ein recht einfaches, da die Anlage genau auf einer Nord-Süd-Achse ausgerichtet ist. Dies ist nicht immer der Fall, und wir müssen lernen, mit Gebäuden umzugehen, deren Anlage komplexer ist. In *Abb. 10* sehen Sie Beispiele von Häusern oder Wohnungen, die auf verschiedenen Achsen liegen, und Sie sehen, wo die nach den besprochenen Grundsätzen errechnete Position des Haupteingangs jeweils ist. Die Wand eines Zimmers kann an einer von drei Stellen eine Tür haben, nämlich mittig, links oder rechts. Doch wo sie auch liegen mag, immer ist sie nach einer der Acht

Hauptrichtungen des Kompasses ausgerichtet. Beachten Sie bitte, daß im Feng Shui jede der Acht Hauptrichtungen Abweichungen bis zu 45° von der Hauptachse (22,5° auf jeder Seite) mit einschließt.

Wir haben die Ausrichtung des Haupteingangs eines Hauses oder einer Wohnung so ausführlich behandelt, weil sie zusammen mit der Bestimmung des *Qi*-Zentrums einer der wichtigsten Schritte in der Raumanalyse des Feng Shui ist. Nun, da wir diese Orientierung haben, können wir zur Methode der Neun Sterne übergehen, um positive und negative Sektoren in dem zu analysierenden Raum zu bestimmen.

11. Raumanalyse nach der Methode der Neun Sterne

Um einen Raum nach der Methode der Neun Sterne zu analysieren, müssen wir zunächst die sieben sichtbaren Sterne den Acht Hauptrichtungen des Kompasses zuordnen und das entstehende Muster über das *Qi*-Zentrum des Raumes legen, den wir analysieren möchten. Das hört sich komplizierter an, als es ist. *Abb. 11* verdeutlicht den Vorgang. Die Sterne werden in eine einfache Struktur gebracht und um den Eingang im Süden herum angeordnet. Wie Sie sehen, ist der südliche Punkt des Kompasses mit dem Eingang besetzt; die übrigen sieben Kompaßpunkte sind den sieben sichtbaren Sternen zugeordnet und tragen ihre Eigenschaften. Mit anderen Worten, in dieser nach Süden ausgerichteten Anlage herrscht in der nordwestlichen Ecke der Stern des Todes, so daß dies ein sehr negativer Teil des Raumes ist. Der östliche Teil der Anlage wird von Leben und Wachstum bestimmt und ist damit positiv, usw.

Nun haben natürlich nicht alle Häuser und Wohnungen einen nach Süden gelegenen Haupteingang wie in *Abb. 11*.

Wie oben gezeigt, kann der Eingang in jede der Acht Hauptrichtungen des Kompasses weisen, und abhängig von der Ausrichtung des Eingangs ändert sich die Anordnung der Sterne.

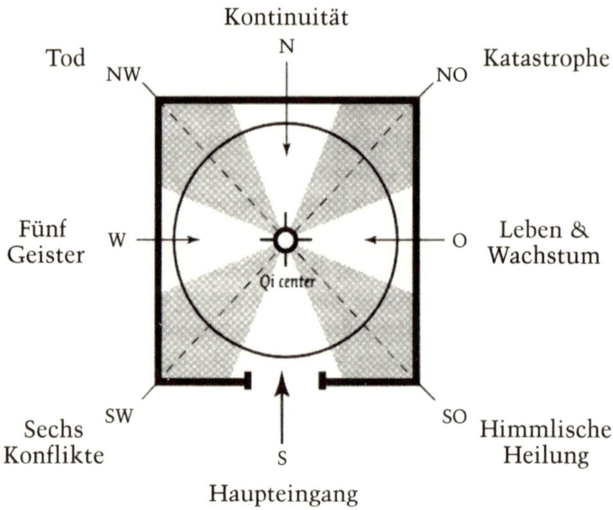

Abb. 11: Die Anordnung der sieben sichtbaren Sterne bei einem Raum mit Süd-Eingang

Abb. 12 zeigt eine Tabelle der Sternenformationen für jeden Eingang je nach Himmelsrichtung. Die Tabelle faßt das traditionell in Verszeilen vom Meister an seine Schüler weitergegebene Feng-Shui-Wissen graphisch zusammen. Beachten Sie, daß die Position jedes Sternes in bezug auf die Himmelsrichtungen sich mit der Ausrichtung des Eingangs jeweils ändert.

ACHT EINGÄNGE	1 Wachstum	2 Heilung	3 Katastrophe	4 Konflikte	5 Geister	6 Kontinuität	7 Tod
Nord	SO	O	W	NW	NO	S	SW
Nordost	SW	NW	S	O	N	W	SO
Ost	S	N	SW	NO	NW	SO	W
Südost	N	S	NW	W	SW	O	NO
Süd	O	SO	NO	SW	W	N	NW
Südwest	NO	W	O	SO	S	NW	N
West	NW	SW	N	SO	S	NO	O
Nordwest	W	NO	SO	N	O	SW	S
EINFLUSS	gut	gut	schlecht	schlecht	heikel	gut	schlecht

Abb. 12: Die Acht Eingänge und die zugehörige Anordnung der Sterne

Lassen Sie uns an einem Beispiel verdeutlichen, wie die Tabelle zu lesen ist. Sagen wir, der Eingang der zu untersuchenden Anlage weist nach Norden. Anhand der Tabelle in *Abb. 12* sehen wir, daß die Anordnung der Sterne in diesem Fall dem Stern Leben und Wachstum den Südwesten zuweist, daß Heilung sich im Osten befindet, Katastrophe im Westen, Sechs Konflikte im Nordwesten, Fünf Geister im Nordosten, Kontinuität im Süden und Tod im Südwesten. In der untersten Zeile der Tabelle sind die Einflüsse, gut oder schlecht, die dem Stern jeweils zugewiesen werden, aufgelistet. Das heißt, in einem Haus oder einer Wohnung mit nach Norden gelegenem Haupteingang ist der Südwesten, vom Tod regiert, eine sehr ungünstige Gegend, während der Südosten, wo Leben und Wachstum herrschen, Glück verheißt. *Abb. 13* stellt eine solche Anlage graphisch dar. Vergleichen Sie diese mit der Anlage in *Abb. 11*, deren Eingang nach Süden weist und wo der Tod im Nordwesten und Leben und Wachstum im Osten herrschen. Sie werden nun verstehen, wie grundlegend die Ausrichtung des Haupteingangs die Konstellation der mit den Acht Hauptrichtungen assoziierten Sterne und damit ihre positive bzw. negative Ausstrahlung verändert. Damit haben wir die Grundlagen der Raumanalyse nach der Methode der Neun Sterne erarbeitet.

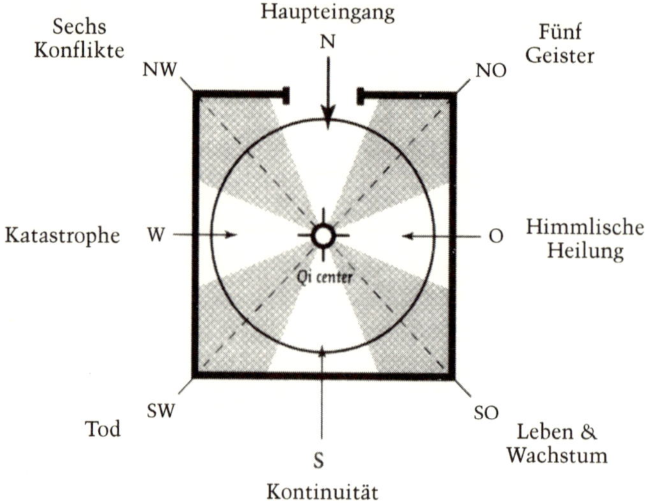

Abb. 13: Anordnung der Sterne bei einer Anlage mit Nord-Eingang

Doch die Methode der Neun Sterne bedeutet mehr als nur dies. Sie werden sich erinnern, daß der volle Name dieser Schule die Neun Sterne, Acht Eingänge und die Bagua-Kombinations-Methode umfaßt. Nachdem wir uns nun mit den Neun Sternen und den Acht Eingängen befaßt haben, ist es an der Zeit, etwas über das *Bagua* zu lernen, die Acht Trigramme.

EINGÄNGE	BAGUA	Name	Naturgewalt	Fünf Elemente	NUTZ-NIESSER
N	☵	Kan	Wasser	Wasser	junger Mann oder erwachsener Sohn
NO	☶	Gen	Berg	Erde	Junge oder jüngster Sohn
O	☳	Zhen	Donner	Holz	reifer Mann oder ältester Sohn
SO	☴	Xun	Wind	Holz	reife Frau oder älteste Tochter
S	☲	Li	Feuer	Feuer	junge Frau oder erwachsene Tochter
SW	☷	Kun	Erde	Erde	ältere Frau oder Mutter
W	☱	Dui	Feuchtland	Metall	junges Mädchen oder jüngste Tochter
NW	☰	Qian	Himmel	Metall	älterer Mann oder Vater

Abb. 14: Die Acht Eingänge mit den Acht Trigrammen und den dazugehörigen Größen

Die Acht Trigramme sind die Grundbausteine des *Yijing*-Orakels, eines alten chinesischen Systems der Wahrsagekunst, das in dem klassischen *Yijing* seine Fortsetzung findet. Das Trigramm heißt deshalb so, weil es aus drei Zeilen besteht. Eine Zeile repräsentiert entweder *Yang* (durchgezogene Linie) oder *Yin* (durchbrochene Linie). Durch Auschöpfung aller möglichen Kombinationen von *Yin* und *Yang* innerhalb dieses Drei-Zeilen-Musters entstehen die Acht Grund-Trigramme, das *Bagua.*

Im Feng Shui ist jedes *Bagua* einem der Acht Eingänge zugeordnet (bzw. den Acht Hauptrichtungen auf dem

Kompaß). Jedes Trigramm steht für eine bestimmte Naturgewalt, und jede hiervon wiederum steht für eines der Fünf Elemente. Darüber hinaus bezeichnet jedes der Acht Trigramme einen Nutznießer für jeden der Acht Eingänge, das heißt den Personentyp (nach Alter und Geschlecht), der von einem bestimmten Eingang profitieren wird. So ist zum Beispiel der Süd-Eingang, dessen Trigramm das Li ist, günstig für eine junge Dame oder die erwachsene Tochter einer Familie. Die Tabelle in *Abb. 14* zeigt die Zusammenhänge zwischen den Eingängen und Trigrammen, zwischen den Nutznießern, den Naturgewalten und den Fünf Elementen.

12. Eine Pause zum Nachdenken

Lassen Sie uns an dieser Stelle kurz innehalten. Wir haben bereits eine Menge über das Feng Shui gelernt. Wir haben gelernt, das *Qi*-Zentrum eines Raumes zu lokalisieren und mit Hilfe der Methode der Neun Sterne, der Acht Eingänge und des *Bagua* genaue Raumanalysen durchzuführen sowie gute und ungute Richtungen und Sektoren zu bestimmen. Weitere Faktoren, die das Feng Shui einer Anlage beeinflussen, haben wir gestreift.

Sie sollten sich von dem komplexen Zusammenspiel all dieser Symbole nicht abschrecken lassen. Die Volkskunst des Feng Shui bezieht ihre Grundlagen aus einer Vielzahl von Quellen und einer reichen Tradition alten kosmologischen Gedankenguts, so daß Anfänger sich leicht entmutigen lassen. Dieses Wissen über Feng Shui ist nützlich, doch müssen Sie es nicht auswendig lernen und zu diesem Zeitpunkt nicht einmal genau verstehen. Stellen Sie es sich statt dessen als ein Bündel von Handwerkszeug vor, das Sie brauchen, um Ihre Umgebung zu analysieren und neu zu gestalten. Sie müssen nicht alle Werkzeuge auf einmal benutzen. Doch je mehr Sie mit ihnen arbeiten, um so besser werden Sie Ihnen in der Hand liegen und Ihrem Feingefühl entgegenkommen, und so werden sie Ihnen schließlich helfen, kreative Bilder, Konzepte und Entwürfe zu schaffen. So wird sich Ihr Lebens- und Arbeitsumfeld in einer Weise verändern, die eine positive Grundeinstellung und Lebensweise fördert.

Aus diesem Grund haben wir dieses Buch auf der Grundlage der Neun Sterne, der Acht Eingänge und der Kombinationsmethode des Bagua aufgebaut. Trotz der Komplexität der Verfahrensweisen gibt uns das Buch eine historisch und traditionell begründete und solide Grundausrüstung. Diese alte Schule ist eine Perle in der chinesischen Volkskunst des Feng Shui. Sie hat ihre ganz eigenen Eigenschaften und ihre eigene Logik. Es verhält sich wie mit einer Flasche alten Weines oder mit einer guten Freundschaft: Sie hat die Zeit überdauert und sollte entsprechend geschätzt werden. Viele Praktizierende des Feng Shui umgehen die traditionellen Schulen, indem sie sich vereinfachter Wege und Methoden bedienen. Das ist schön, hat auch seinen Wert und ist praktisch, nichts dagegen einzuwenden! Doch die traditionellen Schulen auszulassen kann auch heißen, etwas Interessantes und Wertvolles zu verpassen, von dem Verlust ganz zu schweigen, den es für das kulturelle Erbe der Welt bedeutete, vernachlässigten und vergäßen wir gar diese alte Kunst.

Im übrigen ist die Methode der Neun Sterne nicht so schwer zu verstehen, wie es zunächst scheint. Wir haben ihre wesentlichen Elemente behandelt, und Sie haben gelernt, die alten Techniken und die grundlegenden Prinzipien des Feng Shui anzuwenden. Herzlichen Glückwunsch! In der zweiten Hälfte dieses Buches nun werden wir uns noch vertrauter mit dieser Methode machen, wir werden das Gelernte anwenden und eine Reihe hilfreicher Tips und Tricks des Feng Shui kennenlernen, mit deren Hilfe Sie Ihre Umgebung und damit Ihre Lebensqualität verbessern können.

Teil II
Angewandtes Feng Shui

Raumanalyse – ein Beispiel

In Teil I dieses Buches haben wir etwas über die Geschichte und Theorie des Feng Shui und über die Grundlagen der Raumanalyse nach der Methode der Neun Sterne gelernt. In Teil II nun werden wir diese Methode anwenden, und zwar zur Analyse eines übersichtlichen Raumes. Nach einem alten chinesischen Sprichwort hat „ein kleiner Spatz alle Eigenschaften des großen Vogels". Dasselbe gilt für die Raumanalyse. Die Techniken, die wir lernen, lassen sich auf die komplexesten Anlagen und architektonischen Entwürfe anwenden, doch ist es besser, einen einfachen Bau als Ausgangspunkt zu verwenden, um Mißverständnisse in der Anwendung der grundlegenden Prinzipien zu vermeiden.

Lassen Sie uns als Beispiel den Raum in *Abb. 15* betrachten. Es ist ein ganz normales kleines Schlafzimmer mit drei Fenstern, einem Haupt- und einem Nebeneingang. Dieser ist durch eine Schiebetür abgetrennt, die in einen Innenhof führt (was dem Garten hinter einem kleinen Haus entspricht).

Wie wir bereits gelernt haben, ist das *Qi*-Zentrum das erste, das wir bestimmen müssen. Das ist in diesem Fall nicht schwer, weil der Raum von einfacher geometrischer Form ist. Wenn wir das *Qi*-Zentrum haben, begeben wir uns selbst dorthin und bestimmen von hier aus mit einem kleinen, ganz gewöhnlichen Kompaß die Acht Hauptrichtungen.

Wir sehen, daß der Haupteingang des Zimmers nach Süden weist. Kehren Sie nun zu der Tabelle der Acht Eingänge in *Abb. 12* zurück. Gehen Sie zu der Zeile mit dem Süd-Eingang, und Sie finden die übrigen Richtungen mit den zugehörigen Sternen: Im Osten herrschen Leben und Wachstum, im Südosten die Himmlische Heilung, im Nordosten die Katastrophe, im Südwesten die Sechs Konflikte, im Westen die Fünf Geister, im Norden die Kontinuität und im Nordwesten der Tod. Am achten Punkt auf dem Kompaß, im Süden, liegt der Haupteingang.

Mit dieser Orientierung im Kopf können wir nun die guten und schlechten (positiven und negativen) Sektoren im Raum bestimmen. Auf den ersten Blick gibt es vier gute Bereiche (der Eingang im Süden, außerdem der Norden, Osten und Südosten), drei schlechte (Nordosten, Nordwesten und Südwesten) und einen heiklen (Westen). Sie können all diese Informationen dann auf einer Skizze festhalten, wie in *Abb. 15* gezeigt. Nun können wir mit dem Hauptteil der Analyse beginnen, indem wir den Raum Schritt für Schritt unter die Lupe nehmen, beginnend mit dem Haupteingang.

Süden

Da sich hier der Haupteingang befindet, ist dem Süden kein Stern zugeordnet. Statt dessen steht er in Verbindung mit einem der Acht Trigramme des *Bagua*, wie aus der Tabelle in *Abb. 14* hervorgeht. Wir sehen dort das Trigramm für einen Süd-Eingang, Li, und daß dies eine sehr gute Richtung ist. Wie wir gelernt haben, ist der Süden die Domäne des Roten Vogels, der die Sonne des Südens repräsentiert. Sein Element ist das Feuer, ein Symbol für Energie und Lebenskraft, das einen entsprechenden Einfluß auf Geisteshaltung und Temperament der Person ausübt, die hier wohnt.

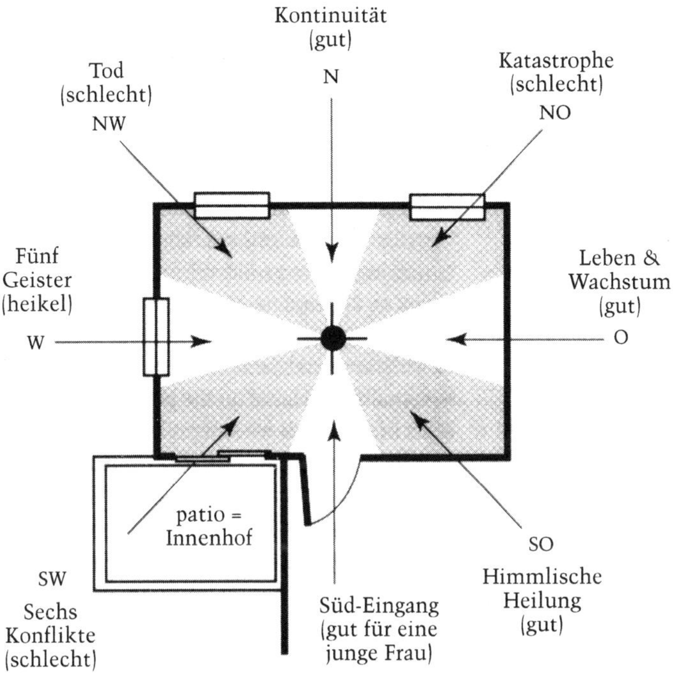

Abb. 15: Ein Beispiel für die Raumanalyse

Und wenn wir uns in *Abb. 14* die Spalte mit den Nutznießern der Eingänge ansehen, so erfahren wir, daß eine Wohnung mit südlich gelegenem Haupteingang für eine junge Frau oder die erwachsene Tochter einer Familie besonders vorteilhaft ist. Das heißt nicht, daß dieses Zimmer für Menschen anderen Alters oder des anderen Geschlechts nicht gut ist. Doch wird eine junge Frau ganz besonderen und wertvollen Nutzen daraus ziehen, einen Raum wie diesen zu bewohnen.

Auf jeden Fall ist der Eingang Li sehr positiv und nützlich, besonders wenn, wie in diesem Fall, der gegenüberliegende Bereich (Norden) ebenfalls ein günstiger ist. Sie werden im Laufe der Lektüre dieses Buches merken, daß im Feng Shui alles miteinander zusammenhängt, und es gehört zur Grundlage dieser Kunst, jeweils die rechte Balance und das richtige Verhältnis zu kennen. Das hat viel Ähnlichkeit mit der Kunst, ein wohlschmeckendes Mahl zuzubereiten oder ein Orchester zu dirigieren. Die gute Lage einer Wohnung kann auf mannigfaltige Weise positiv zur Geltung gebracht oder ihre schlechte Lage umgestaltet oder verbessert werden. Doch die Ausrichtung des Haupteingangs eines Gebäudes sowie seine Lage auf dem Grundstück insgesamt sind von ganz zentraler Bedeutung – wie die Hauptzutaten zu einem Gericht oder die Schlüsselnote in einem Musikstück. Bei den alten Chinesen wurde über den Bau eines Hauses nicht entschieden, bevor man sich nicht ernsthaft und gründlich Gedanken über seinen möglichen Einfluß auf die Menschen gemacht hatte, die hier nun für Generationen leben und arbeiten würden. Wer den Haupteingang zu unserem hypothetischen Schlafzimmer auch entworfen haben mag, er oder sie hat, vom Feng Shui her gesehen, gute Arbeit geleistet. Lassen Sie uns nun einen Blick auf die anderen Teile des Raumes werfen und sehen, in welcher Weise sie ihn beeinflussen.

Norden

In unserem Beispiel ist der nördliche ein positiver Teil des Raumes, der vom Stern der Kontinuität beherrscht wird. In diesem konkreten Zimmer ist der Norden durch die Nordwand des Schlafzimmers besetzt, mit je einem Fenster links und rechts der Mitte. Wie wir in Teil I gelernt haben, ist eine Nordwand mit Öffnungen darin gefährlich, weil sie der Macht des Dunklen Kriegers und seinen beiden Jüngern Schildkröte und Schlange ausgesetzt ist.

In diesem Raum jedoch ist der im nördlichen Sektor befindliche Teil der Mauer sehr solide und bietet Schutz, auch wenn die Fenster links und rechts ungünstig sind. Darüber hinaus ist die potentielle Gefahr des Nordens dadurch gemildert, daß erstens in diesem Fall ein guter Stern (Kontinuität) darüber herrscht und sich zweitens der sehr positive südliche Eingang genau gegenüber befindet.

Dies ist ein gutes Beispiel, das zeigt, in welcher Weise im Feng Shui verschiedene Faktoren einander beeinflussen. In diesem Fall wird eine potentiell gefährliche Seite durch den Einfluß eines guten Sterns neutralisiert und durch einen guten Eingang ausgeglichen. Es sollte jedoch nicht vergessen werden, daß auch das Gegenteil der Fall sein kann. Eine grundsätzlich gute Seite kann, wenn es der Zufall des speziellen Hauses so will, unter dem Einfluß eines schlechten Sterns stehen und durch ungünstige Einrichtung mit Möbeln u. a. noch mehr geschwächt werden. Führen Sie sich Ihren Lebens- und Arbeitsraum vor Augen – sind Sie möglicherweise die richtige Person in der falschen Umgebung? Prüfen Sie es nach!

Die Tatsache, daß der Norden in diesem Fall von der Kontinuität beherrscht wird heißt, daß der positive Einfluß des Sterns den ansonsten recht kühlen Teil dieses Raumes aufwärmt. Im guten Teil eines Raumes können wir unserer Phantasie bei der Einrichtung auch größeren Spielraum lassen. Sie können Feuer-Elemente vom sonnigen Süden hier aufstellen, Heizlüfter oder kleine Radiatoren etwa, um den kalten Nordwind zu vertreiben. Auch für Gegenstände des täglichen Gebrauchs ist dies ein guter Platz: für einen Stuhl, ein Zweiersofa oder einen kleinen Schreibtisch. Für ein Bett allerdings wäre der Platz nicht angemessen, weil er dem Eingang genau gegenüber liegt, und ein Bett direkt dem Eingang gegenüber aufzustellen ist schädlich (etwas, das wir später noch ausführlich besprechen werden). Und nachdem es zwei gute Bereiche in dem Zimmer gibt, besteht nicht die Notwendigkeit, ein wichtiges Möbelstück wie das Bett an der Nordwand aufzustellen.

Lampen, Gemälde oder andere dekorative Elemente sind an dieser Seite günstig, doch eine schlichte, saubere Wand ist ebenfalls vollkommen ausreichend. Wir werden uns an anderer Stelle ausführlich mit der Rolle der Farben im Feng Shui befassen, doch hier, das sei vorweggenommen, wären weiß oder ein helles Beige am angebrachtesten.

Osten und Südosten

Dies sind die anderen beiden positiven Teile des Raumes, die vom Stern des Lebens und des Wachstums bzw. von dem der Himmlischen Heilung beherrscht werden. Sie sind deshalb sehr sicher und erlauben Ihnen große Freiheit in der Einrichtung mit Möbeln und anderen Dingen. Es gibt eine ganze Reihe von Optionen. Sie können Ihr Bett an die ruhige *Yin*-Seite des Raumes stellen, abseits der aktiven *Yang*-Energie der Fenster und Türen, und sich so Ruhe und Abgeschiedenheit sichern. Wie der Nord-Teil des Zimmers sollen auch diese beiden Bereiche unsere Leserinnen und Leser ermutigen, Möbel und andere Dinge beliebig zu arrangieren, seien es Bett, Stühle, ein Ecktisch, Frisiertisch, Lampen, Pflanzen oder anderes. Gehen Sie nach Ihrem Gefühl, wenn Sie die Dinge in einem harmonischen Gleichgewicht zueinander aufstellen, und setzen Sie hier und da einen bunten Blickfang.

Wenn Sie mit Farben experimentieren wollen, so beachten Sie, daß hellblau günstig für den östlichen und hellgrün günstig für den südwestlichen Bereich ist. Farbe können Sie auf vielerlei Weise einsetzen, abgesehen von Wandfarbe, Tapeten und Vorhängen. Die Natur selbst liefert Ihnen in Form von Blumen und anderen Pflanzen eine ganze Palette von Farben. Entscheidend ist, daß insgesamt die Harmonie der Farben gewahrt wird. Lesen Sie weiter unten in diesem Buch mehr über Farben im Feng Shui sowie über Legenden und symbolische Bedeutung, die im alten China bei Riten und Zeremonien eine zentrale Rolle spielten.

Nordosten

Wir kommen nun zu den schwierigen, negativen Teilen des Zimmers. Doch diese Bereiche sind vielleicht auch die interessantesten, weil sie eine Herausforderung an Ihre Fähigkeit darstellen, Möbel und andere Dinge optimal zu arrangieren. Alle Tänzer wissen, daß die schönsten und kreativsten Schritte auf der Bühne die gefährlichen sind. Sie sollten das beherzigen und die schlechten Teile des Zimmers nicht meiden, in denen Sie nämlich sehr gut eine Balance herstellen können. Sie müssen nur wissen, wie Sie die schlechten Einflüsse kompensieren und neutralisieren können, und das lernen Sie hier. Der erste der schlechten Bereiche ist der Nordosten, der vom Stern der Katastrophe beherrscht wird. Das Fenster an dieser Stelle verschärft das Problem noch. Es läßt in windigen Nächten Zugluft herein, und wenn man nichts daran tut, wird es auch eine Quelle grellen, unkontrollierten Sonnenlichts sein. Das ist sowohl für Pflanzen ungünstig als auch für farbige Gegenstände, Möbel und, nach dem Feng Shui, auch für Menschen.

Hier sollten Sie weder Bett noch Tisch oder Sofa aufstellen, denn dies sollte kein Ort sein, an dem sich Menschen treffen oder extrem viel Zeit verbringen. Es ist dagegen ein guter Platz für Bücherregale, Fernseher, Videogerät oder Stereoanalge. Eine Stehlampe oder ein Deckenfluter machen den Bereich angenehmer, oder auch eine Dekoration in warmen Farben. Auch Pflanzen sind hilfreich. Entweder stellen Sie einen großen, stacheligen Kaktus auf, der der Katastrophenecke trotzt, oder Sie wählen die freundlichere Variante eines kleinen Wasserbeckens mit Grünzeug und Blumen, wodurch dieser problematische Ort weicher wird. Auch hier gilt: Lassen Sie Ihrer Phantasie freien Lauf, und wählen Sie eine Lösung, die Ihrer Persönlichkeit entspricht.

In diesem Teil des Zimmers ist es möglicherweise sinnvoll, spezielle Glücksbringer anzubringen, wie etwa antike chinesische Münzen oder rote daoistische Talismane, wie Sie sie in diesem Buch finden. Oder, wenn Sie das vorziehen, stellen bzw. hängen Sie hier eine religiöse Figur oder ein religiöses Bild auf.

Nordwesten

Dies ist die Richtung des Todes, doch keine Sorge, es gibt viele Möglichkeiten, dem entgegenzuwirken. Tatsache ist, daß der vom Tod regierte Teil des Zimmers die größte Herausforderung unter allen ungünstigen Sektoren darstellt, und wenn er nicht geortet und neutralisiert wird, ist es auch der gefährlichste.

In unserem Beispiel befindet sich hier ebenfalls ein Fenster, was in einem schlechten Bereich wie diesem nicht wünschenswert ist. Ein kleiner Radiator oder Heizlüfter kann die Ecke etwas aufwärmen. Dicke Vorhänge oder Rolläden sind hier günstig, und warme Farben können dem Bereich in zugigen Nächten Leben einhauchen, ebenso wie eine Stehlampe oder Deckenfluter. Auch eine große Vase mit Wasser und Grünzeug wirkt stabilisierend. Eine andere Möglichkeit ist es, eine Stereoanlage oder den Fernseher aufzustellen, um durch Ton und Bewegung den Raum zu stimulieren. Doch was immer Sie sonst auch tun, auf jeden Fall müssen Sie hier dauerhaft einen Glücksbringer installieren, einen sehr kraftvollen und starken. Sie haben freie Wahl, es können antike chinesische Münzen sein, auf ein rotes Seidenband aufgezogen, ein daoistischer Glücksbringer, eine alte Bibel oder ein Gebetbuch, eine Gebetskette, ein Sieben-Sterne-Schwert, die Figur eines Tigers, Löwen oder Drachen, eine Buddha-Statue, Engel oder sonst eine religiöse Figur. Feng-Shui-Experten wissen, daß der Todes-Sektor eines Zimmers der interessanteste Teil in bezug auf kreatives Gestalten sein kann, denn hier können Sie ungünstige Einflüsse herausfordern und bezwingen.

Südwesten

Der südwestliche Teil dieses Zimmers, der von den Sechs Konflikten beherrscht wird, ist ein ungünstiger, doch zugleich kein absolut tödlicher. Das Problem sind hier die Schiebetüren aus Glas, die den Bereich großer Gefahr und potentiellen Konflikten gegenüber, die meist von außen kommen, offen und verletzbar machen. Eine solche Tür will gut geschützt und zu jeder Zeit gesichert sein.

Da das Glas der Türen klar und nicht aufgerauht oder strukturiert ist, werden diese Türen im Feng Shui großen Fenstern gleichgesetzt. Sonnenlicht vom Südwesten her ist nicht so freundlich wie das aus dem Süden, und es ist nicht wünschenswert, den eigenen Raum ungeschützt dem harten Nachmittags-Licht auszusetzen. Das ist zuviel *Yang*-Energie, von dem Mangel an Privatsphäre und dem Lärm, den die Türen von außen hereinlassen, ganz zu schweigen. Diese Öffnung muß stimuliert werden. Sie sollten hier sorgfältig Gegenstände aufstellen, die böse Geister abwehren. Doch wir können von Glück sagen, daß diese offene Ecke sich nicht im Todesbereich befindet, denn dann müßten die Glastüren an anderer Stelle eingesetzt und die Wand hier zugemauert werden. Wie die Dinge liegen, können Sie die Situation jedoch in den Griff bekommen.

Wir brauchen schwere Vorhänge und Rolläden, um grelles Licht, Lärm und andere Konflikte auszusperren. Die Vorhänge sollten immer mindestens dreiviertel geschlossen sein, um schlechte Einflüsse abzuwehren und die Harmonie des Raumes zu wahren. Im Winter sollten Sie sich vergewissern, daß dieser Eingang fest geschlossen, die Vorhänge vorgezogen und womöglich noch ein Heizlüfter aufgestellt ist. Eine Markise über dem Innenhof und den äußeren Türen kann ebenfalls helfen. Hängen Sie außerdem einen papiernen daoistischen Talisman auf, wie Sie ihn in diesem Buch finden. Sie können ihn an der Innenwand neben der Schiebetür anbringen. Selbst in Sommernächten ist es gut, wenn Vorhänge und Rolläden den Südwest-Wind abwehren. Arrangieren Sie im Sommer eine Reihe grüner Pflanzen als Sichtschutz, um ungünstige Einflüsse daran zu hindern, in den Raum einzudringen.

Westen

Der westliche Teil dieses Zimmers ist der der Fünf Geister – nicht unbedingt ein schlechter, aber heikel, wenn Sie nicht richtig mit ihm umgehen. Es ist interessant, damit zu arbeiten. In unserem Beispiel liegt im Bereich der Fünf Geister ein Fenster, das sich sowohl guten als auch schlechten Kräften und Gelegenheiten öffnen kann. Es muß also entsprechend seiner Ungewißheit geschützt werden. Seien Sie freundlich zu diesem Teil des Raumes, und bauen Sie eine gute Beziehung zu ihm auf. Das können Sie zum Beispiel mit Hilfe von Wasser tun, denn der Westen wird gemeinhin mit Feuchtland assoziiert (Wasser und Erde). Wasser fördert alle positiven Dinge des Lebens, von Reichtum und Ruhm bis zur Liebe. Der Westen ist die Domäne des Weißen Tigers, dessen Element das Metall ist. Nach der Lehre der Fünf Elemente, die wir weiter oben behandelt haben, ergänzen Wasser, Erde und Metall einander. Feng-Shui-Meister lieben West-Wände und nutzen sie oft, um das Beste für ihre Klienten herauszuholen.

Sie können unter einer ganzen Reihe von Dingen auswählen, wenn der heikle Bereich der Fünf Geister, wie hier, im Westen liegt und Sie ihn befrieden und beruhigen wollen: Ein Aquarium mit Fischen ist gut geeignet, Grünpflanzen und Blumen oder ein anderes Dekorationsstück mit Wasser-Elementen darin, Gemälde oder Bilder mit Wasser, wie eine Meeresansicht zum Beispiel. In diesem Fall hat die Wand jedoch ein Fenster, und wir müssen das Wasser oder die Dinge, die Wasser enthalten, durch Vorhänge oder Rolläden vor allzu starker direkter Einwirkung durch das feindliche Sonnenlicht des Nachmittags schützen. Andere mögliche Verstärkungen für diesen Teil des Zimmers sind Glücksbringer, ein Talisman, eine Reihe aufgezogener antiker Münzen oder ein freundliches, kleines Abbild von Buddha oder einem Engel. Wie immer jedoch sollten Sie es nicht übertreiben und den Bereich nicht mit Dingen überhäufen. Gehen Sie nach Ihrem eigenen Urteil und Geschmack vor. Eine einfache, große Vase mit Wasser und Grünzeug darin kann schon ausreichen. Eine Uhr, eine Stehlampe oder ein bequemer Schaukelstuhl sind ebenfalls angetan, diesen Teil des Raumes mit Leben und Bewegung zu füllen. Gute Ideen müssen nicht teuer sein!

Damit sind wir mit unserer exemplarischen Raumanalyse am Ende angelangt. Sie sollten nun eine Vorstellung von den Grundlagen des Feng Shui und der Methode der Neun Sterne haben. Wir können die guten und schlechten Bereiche eines Raumes bestimmen und haben Methoden erlernt, die guten Bereiche durch entsprechende Einrichtung zu fördern und die schlechten zu neutralisieren. Die folgenden Kapitel sind eine Zusammenfassung weiterer Vorschläge dieser Art, zum Zwecke der besseren Lesbarkeit jeweils zu größeren Themenblöcken zusammengefaßt. Die folgenden Vorschläge und Empfehlungen werden nicht nur von der Feng-Shui-Schule weitergegeben, die wir vertreten, sondern noch von einer ganzen Reihe anderer.

Faktoren in der Umgebung

Wasser

Wasser ist etwas sehr Nützliches im Feng Shui. Der früheste Text zu diesem Thema geht auf den legendären Guo Pu zurück (276–324 v. Chr.), dessen Aufsätze später, während der Tang- und Song-Dynastien, gesammelt, herausgegeben und überarbeitet wurden. Nach Guo Pu sind das *Qi* und die menschliche Seele miteinander vereint, solange der Mensch lebt, und werden im Tod voneinander getrennt. „Wenn das *Qi* dem Wind ausgesetzt ist, wird es verletzt oder zerstreut. In der Nähe von Wasser bleibt es", schreibt Guo. Das heißt, daß das *Qi* eines Menschen von der Ernährung mit Wassser abhängt und vor dem störenden Einfluß des Windes geschützt werden muß. Wo Wasser ist, wird es Leben und weiteres Wachstum geben.

Guo ist außerdem für seine Schriften über die Fünf Elemente bekannt und für seine innovative Klassifizierung geographischer Formen in vier Teile. Auf ihn geht die allgemein bekannte Lehre des Feng Shui zurück, nach der ein Ort „von Bergen umgeben und von Wasser umarmt" wird. Gemeint ist der Gebrauch von Wasser, um positive Kräfte zu umgeben und zu nähren, während Berge als Barrieren dienen, um das *Qi* vor Zerstörung und Zerstreuung durch den Wind zu schützen. Seit den Anfängen der Theorie des Feng Shui also gilt Wasser und alles, was damit zusammenhängt, als unbedingt notwendig, um Wachstum und Glück zu fördern und zu schützen sowie negativen Einflüssen entgegenzuwirken.

Im Feng Shui der Gegenwart steht Wasser für Wohlstand. Es hat die magische Kraft, sowohl im Freien als auch im Haus ungünstige Einflüsse aufzulösen. Daher sind Wasser und Gegenstände, die Wasser enthalten (Aquarien, Brunnen, Vasen mit echten Blumen oder Grünzeug, eine Wanne oder große Schüssel mit Wasser) willkommene Dekorationen in Wohn-, Schlaf- und Arbeitszimmern wie auch in der Eingangsdiele. Der ideale Ort für diese Dinge sind der westliche Teil einer Anlage oder die West-Wand eines Zimmers. Wenn das nicht möglich ist, sind der Nordwesten oder Südosten ebenfalls geeignet für Dekorationen, die Wasser enthalten.

Das *Qi*-Zentrum einer Anlage sollte stets frei und luftig gehalten sein, doch Wasser ist auch hier immer willkommen. Versperren Sie das *Qi*-Zentrum nicht mit einem massiven, schweren Möbelstück. Wenn Sie an den Ort des *Qi*-Zentrums doch etwas hinstellen möchten, so nehmen Sie einen niederen Teetisch, der unten offen und luftig ist, am besten mit einem Gefäß voll Wasser und Blumen darauf (kein Kaktus!). In kommerziell genutzten Räumen sind eine große Restaurant-Küche oder Bar günstig, deren Waschbecken sich entlang der West-Wand befinden oder an einer anderen Stelle, die nach der Analyse anhand der Methode der Neun Sterne günstig ist. Für eine Veranstaltung mit vielen Menschen oder im Freien sind Orte mit einem Springbrunnen oder ein Garten mit einem kleinen Teich darin ideal.

Numerologie

Die symbolische Bedeutung von Zahlen ist im Feng Shui von zentraler Bedeutung, und es gibt eine lange Tradition von Numerologie und Zahlenmystik in China. In Mythen und Legenden läßt sich diese Tradition bis zu Kaiser Yu der Xia-Dynastie zurückverfolgen, der etwa 2000 v. Chr. gelebt haben soll. Zu den berühmten Taten von Kaiser Yu zählt die Errichtung großer Anlagen zum Schutz vor Hochwasser, von dem das chinesische Volk und die Landwirtschaft durch die unberechenbaren Fluten des Gelben Flusses bedroht waren. Eines Tages, als er gerade mit einem solchen Projekt beschäftigt war, tauchte eine große Wasserschildkröte mit dem Kopf eines Drachen aus dem Fluß auf. Auf ihrem Panzer und Körper befand sich ein Muster farbiger Punkte, das das heute als Luo Shu bekannte Quadrat magischer Zahlen ergab (*Abb. 16*). In dem magischen Quadrat Luo Shu befinden sich neun kleinere Quadrate, die Neun Paläste nämlich, die jeweils mit einer Zahl besetzt sind. Man kann die Zahlen von links nach rechts, von oben nach unten oder diagonal lesen – die Summe wird immer fünfzehn sein. Die Zahl fünfzehn ist aus fünf und zehn zusammengesetzt, wobei fünf für Ehre und Respekt steht und zehn für Einheit und Vollständigkeit. Das chinesische Schriftzeichen für die Zahl zehn sieht wie ein Kreuz mit vier gleich langen Schenkeln aus. Diese symbolisieren jeweils die vier Himmelsrichtungen, die sich in Harmonie und Gleichgewicht befinden. *Abb. 17* zeigt die Zahlen des Luo Shu in Beziehung zu den Acht Hauptrichtungen, den Fünf Elementen und zu den Acht Trigrammen des *Yijing*. (Beachten Sie bitte, daß in *Abb. 17–19* nach chinesischer Sitte der Süden oben erscheint.)

Die Zahl zehn erscheint in dem magischen Quadrat des Luo Shu nicht, weil sie unausgesprochen ein Symbol für Heiligkeit ist und für die Anbetung und Huldigung der Götter steht. Die Zahlen eins bis neun sind die grundlegenden Ordinalzahlen, während die Zehn die allgemeine Vereinigerin ist.

4	9	2
3	5	7
8	1	6

Abb. 16: Das Luo Shu, Quadrat der magischen Zahlen

Das chinesische Wort für Anbetung ist *heshi*, was soviel heißt wie „Harmonie-zehn", und wird durch die an Handflächen und Fingern aneinandergelegten Hände symbolisiert. Damit soll die Vereinigung aller Dualismen angedeutet werden und die Ganzheit des Geistes in Respekt und Ehrerbietung. Mit den Zahlen des Luo Shu sind komplexe Zusammenhänge von Wahrsagerei und Weissagung verbunden, von denen wir einige hier aufführen.

Die Eins ist die Zahl der Götter sowie des Herrschers, der als der Sohn des Himmels galt. Eins ist die Spitze, der Gipfel, das Höchste – das Eine und Einzige! Wir Sterblichen können diese Zahlenposition nicht lange halten, denn sie kann einsam und gefährlich sein. Wir sind nicht göttlich, und nur Göttlichkeit kann die Position ständig halten.

Die Zwei steht für ein Doppel oder Paar. Sie ist eine Zahl des Glücks und günstig für Geburtstage, Hochzeiten und andere Feste. Zwei steht außerdem für das Gleichgewicht der *Yin-* und *Yang*-Kräfte, die zusammen das *Taiji* ergeben, den Ursprung aller Dinge. An chinesisch Neujahr werden auf rotes Papier aufgepinselte zweizeilige Gedichte, *Dui* genannt, zu beiden Seiten des Haupteingangs eines Hauses oder Geschäftes aufgehängt.

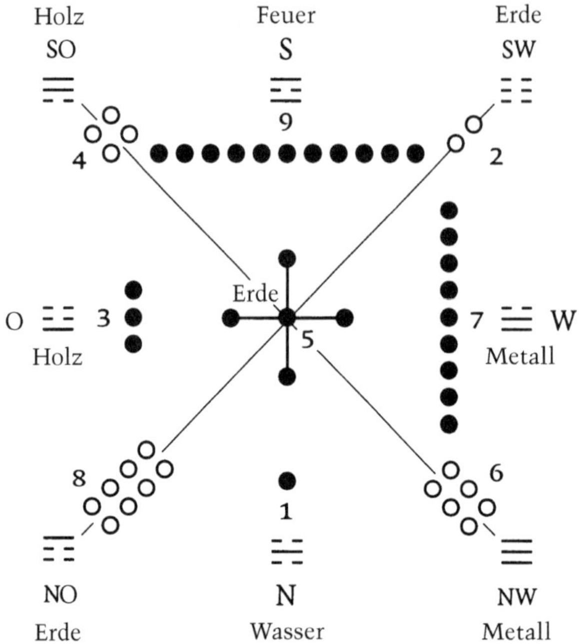

Abb. 17: Die Zahlen des Luo Shu, ergänzt durch die Acht Hauptrichtungen, die Fünf Elemente und die Acht Trigramme

Drei ist die stabilste Zahl, denn ein Dreifuß ist eine der stabilsten Formen, die es gibt. Das chinesische Sprichwort *„san san bu jin"* bedeutet, daß „drei und drei niemals enden werden", und drückt die Hoffnung auf eine langes Leben aus. Die Numerologie ist im Feng Shui beim Anordnen von Gegenständen von großer Bedeutung, und die Zahl drei ist ganz besonders nützlich, wenn es darum geht, die visuelle Stabilität und Einheit eines Raumes zu verstärken.

Die Vier besteht aus zwei Paaren und sollte demnach glückverheißend sein, doch ist die Aussprache der Zahl vier im Chinesischen identisch mit dem Wort „Tod", und wegen dieser sehr unwillkommenen Assoziation vermeidet man im Feng Shui jede Konstruktion, die mit der Zahl vier zusammenhängt.

Fünf steht für Ehre, Kraft und Autorität. Im alten China war ein goldener Drache mit fünf Klauen das Symbol des Kaisers. Vom kaiserlichen Thron wurde er als „die ehrenvolle Fünf und Neun" bezeichnet, wobei fünf die Fünf Richtungen (Norden, Süden, Osten, Westen und Mitte) und die fünf heiligen Berge Chinas meint, die Neun dagegen für Langlebigkeit und Ewigkeit steht. Mit der Zahl fünf assoziiert man außerdem den Hausgott (*Dizhu*), der über Wohlergehen und Wohlstand jedes chinesischen Haushalts wacht und böse Geister und finstere Dämonen abwehrt. Die Fünf ist für Arrangements im Sinne des Feng Shui sehr geeignet.

Sechs ist eine Doppel-Drei und deshalb günstig. Der chinesische Satz *„liu liu wu qiong"* bedeutet soviel wie „sechs und sechs gehen niemals Pleite". Denn das chinesische Wort für sechs, *„liu"*, wird anders geschrieben, aber genauso ausgesprochen wie ein Wort für „Reichtum". Drei plus sechs ergibt neun, so daß ein Dreiergespann von glückverheißenden Zahlen entsteht. Für die Neutralisierung einer ungünstigen Himmelsrichtung oder problematischen Zone ist jede Konstruktion, die mit einer dieser Zahlen arbeitet, gut geeignet.

Die Sieben ist eine sehr mächtige magische Zahl mit tiefreichenden mythologischen Wurzeln. Im Großen Wagen stehen sieben Sterne, und in daoistischen Ritualen wird ein zeremonielles Sieben-Sterne-Schwert verwendet, das für die Macht steht, das Böse zu vertreiben. In der siebten Nacht des siebten Monats nach dem Mondkalender wird in einem beliebten chinesischen Fest die Liebe zwischen einem Weber-Mädchen und einem Hirten-Jungen gefeiert. Die Liebenden vereinigen sich in dieser Nacht das einzige Mal im Jahr, indem sie über die Brücke gehen, die die Milchstraße für sie bildet. In Märchen wie in daoistischen Fabeln ist die Sequenz von neunundvierzig Tagen (sieben mal sieben) heilig und wird mit den Göttern in Verbindung gebracht. Die Trauerzeit nach dem Tod eines Menschen beträgt ebenfalls neunundvierzig Tage. Nach dieser Frist sollten die Lebenden den Gram zur Seite legen und ihre alltäglichen Verrichtungen wieder aufnehmen. Im Feng Shui werden einem Arrangement von sieben Dingen magische Kräfte zugeschrieben; es gilt als heilig.

Auch die Acht hat religiöse Bedeutung. In der daoistischen Mythologie gibt es Acht Unsterbliche, und in der buddhistischen Tradition Acht Kostbarkeiten. Im *Yijing* gibt es Acht Trigramme und auf dem Kompaß Acht Hauptrichtungen. Ein achteckiger Tisch – chinesisch „Tisch der Acht Unsterblichen" – symbolisiert Harmonie und Freude. Es ist hilfreich, einen achteckigen Kaffee- oder Sofa-Tisch in einem ungünstigen Teil des Raumes aufzustellen. Gut sind auch achteckige Fenster oder Vasen mit achteckiger Grundform. Über den Eingang eines Hauses hängt man oft eine *Bagua*-Tafel (eine achteckige hölzerne Tafel mit den Acht Trigrammen darauf), um böse Einflüsse abzuwehren, bevor sie noch ins Haus eindringen können.

Die Neun schließlich ist eine fröhliche Zahl. Sie ist verwandt mit der Drei und der Sechs, zwei glückverheißenden Zahlen. Das chinesische Wort für neun (*jiu*) ist gleichlautend mit dem für Langlebigkeit, und so wird die Zahl selbst mit langem Leben und Glück assoziiert.

Sie sollten die Numerologie im Feng Shui flexibel anwenden und Ihrer Kreativität und Vorstellungskraft dabei freien Lauf lassen. Nummern lassen sich auf fast jedes Arrangement oder Möbelstück und auf jeden Gegenstand im Raum anwenden. Wie Sie gesehen haben, werden fast allen neun Zahlen positive Wirkungen zugeschrieben, so daß Sie sie einsetzen können, um gute Bereiche zu fördern oder schlechte zu neutralisieren. Verwenden Sie jedoch, wenn irgend möglich, niemals die Zahl vier, denn sie wird mit dem Tod assoziiert. Stellen Sie beispielsweise nie vier Dinge – Stühle etwa – in einer Reihe nebeinander auf. In China-Restaurants können Sie beobachten, daß zwei kleine Zweier-Tische nicht ganz aneinandergerückt werden, wenn vier Personen zusammen essen wollen. Diese „auseinandergerissene Vier" ist eine geschickte Art und Weise, mit dem Problem umzugehen, und kann auf andere Situationen übertragen werden. Eine Reihe von vier Fenstern an einer Wand ist nach dem Feng Shui ungünstig; drei oder fünf wären besser. Insgesamt vier Fenster an verschiedenen Wänden eines Raumes können ebenfalls problematisch sein, nicht so gefährlich jedoch wie vier in einer Reihe. Wenn Sie eine solche Reihe von vier Fenstern in einem Raum vorfinden, so wird es das Beste sein, wenn Sie eines davon mit einem dicken Vorhang oder einem hohen Schutzschirm dauerhaft verschließen und den Blicken entziehen.

Farben

Der Gebrauch von Farben im Feng Shui hat eine lange Tradition und geht auf mystische daoistische Praktiken zurück. Seit frühester Zeit verwenden daoistische Priester und Schamanen Farben, um böse Geister abzuwehren und Regen zu erbitten, um die Götter bei wichtigen Fragen um Rat zu fragen, zur Heilung von Krankheiten und um Unglück abzuwenden. Die Farbenlehre ist der Numerologie eng verwandt und geht ebenfalls auf das oben behandelte Luo Shu des Kaisers Yu zurück. Die Zahlen, die Herrscher Yu auf der Wasserschildkröte entdeckte, erschienen ihm in einem Muster bunter Farben, und so hat jede der neun Zahlen und jede der Neun Richtungen (die Acht Hauptrichtungen und das Zentrum) ihre eigene Farbe, die untrennbar mit ihr verbunden ist. Kaiser Wen der Zhou-Dynastie (1100–771 v.Chr.) hat den Zusammenhang zwischen Farbe, Zahl und Richtung neu kodiert und ein Diagramm der Beziehugen, das „Nach dem Himmel", erstellt *(Abb. 18)*.

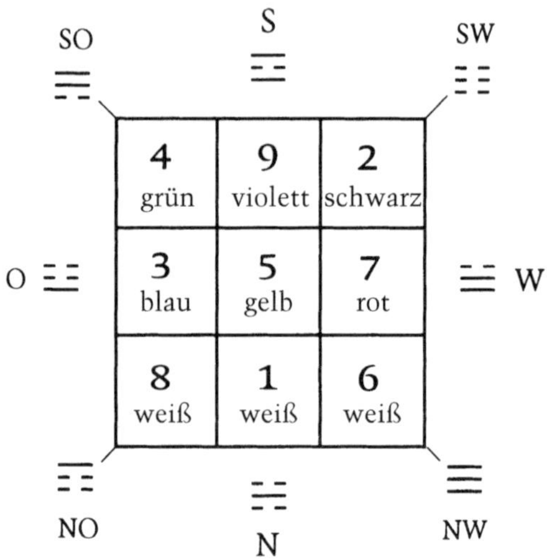

Abb. 18: Das „Nach-dem-Himmel"-Diagramm von Kaiser Wen

Farben, Zahlen und Richtungen spielen im daoistischen Ritual eine wichtige Rolle. An einem daoistischen Altar werden seidene Fahnen der entsprechenden Farben in die jeweils zugehörige Richtung gehängt. Meist gibt es weitere Dekorationen wie Talismane und andere Fahnen, einen Topf für Räucherstäbchen, eine Wasserschale, Kerzen und ein Sieben-Sterne-Schwert aus Metall oder Holz, das die Macht des Großen Wagens und des Nordsterns symbolisiert. Ein weiteres wichtiges rituelles Utensil ist der Fliegenwedel, meist aus Pferdehaar oder Flachsfasern gemacht, mit dem man böse Geister fortwischt und den Raum reinigt.

Früher rief der daoistische Priester die Namen der Götter an, rezitierte Gebete und warf sich vor dem Altar nieder, um anschließend in Trance zu fallen und den Yubu-Tanz zu vollführen („Schritte für Kaiser Yu"). Mit dem Tanz sollten die Götter angerufen werden, ihre magischen Kräfte und ihr Erbarmen zum Wohle der Menschheit einzusetzen. Diese Kraft wurde gewonnen und zur Erde heruntergeholt, indem die Zahlen des magischen Luo-Shu-Quadrates durch die Tanzschritte selbst in vorgegebene Muster und arithmetische Reihenfolgen gebracht wurden. Die farbigen Fahnen, die auf die Zahlen und Hauptrichtungen des Luo Shu abgestimmt waren, gaben dem Priester in seinem Tanz Orientierung und halfen ihm, die Verbindung zu den Göttern herzustellen. Farben sind also mit heiliger Kraft und Magie auf das Tiefste verbunden.

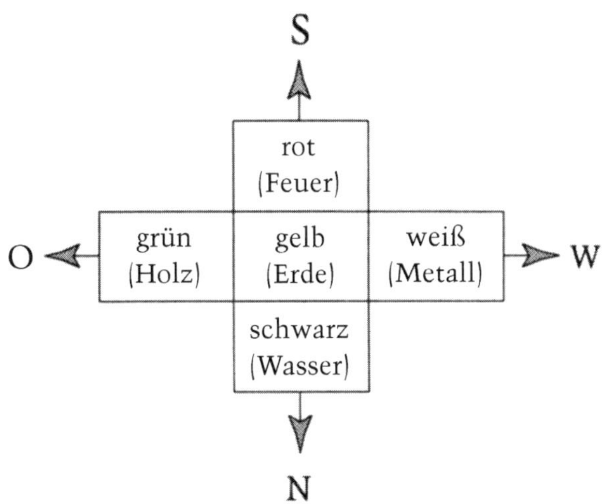

Abb. 19: Graphik der Farben, Fünf Elemente und Fünf Richtungen

Es gibt neben dem „Nach dem Himmel"-Diagramm (*Abb. 18*) noch ein anderes, das die Fünf Elemente und die Fünf Richtungen mit einbezieht und das Sie als Alternative vielleicht kennenlernen möchten (*Abb. 19*). In diesem Diagramm sind nur der Mitte und den Richtungen der Viertelkreise Farben zugeordnet. Doch können Sie die dazwischenliegenden Farben wie folgt ableiten: graugrün für den Nordwesten, lavendel für den Südosten, für den Südwesten rosa und für den Nordosten hellgrau. Es ist eine relativ moderne Erscheinung, eine breite Palette von Farben einzusetzen, und traditionelle Meister des Feng Shui werden davon abraten. Doch für die Leserinnen und Leser unter Ihnen, die Farben lieben und ihren Wohnraum damit reich und schön gestalten möchten, werden wir uns bei den himmlischen Göttern Anregungen holen! Wählen Sie sanfte Pastell- und andere Mischfarben statt solcher mit greller und intensiver Leuchtkraft, und Sie wahren die visuelle Harmonie – und über allem Feng Shui steht die Kunst von Harmonie und Gleichgewicht.

Licht

Es gibt zwei Arten von Licht, natürliches und künstliches. Wohnungsjäger in großen Städten wie New York suchen immer nach dem vorteilhaften natürlichen Sonnenlicht, doch lassen Sie es nicht zuviel des Guten werden! Allzuviel Sonnenlicht und reflektierende Helligkeit gelten im Feng Shui als schädlich; ungedämpftes, direktes Sonnenlicht greift Farben, Möbel, Stoffe und Menschen an. Hölzerne Möbel verziehen sich, bersten und bekommen Risse, Wand- und andere Farben bleichen aus. Auch für Grünpflanzen ist es ungünstig, und es macht Wohnungen und Häuser trocken. Das von Fenstern, Spiegeln, Wasserbecken u. a. grell reflektierte Licht kann einen mit Leben gefüllten Raum ebenfalls negativ beeinflussen. Sowohl direktes Sonnenlicht als auch reflektierter greller Schein sollten mit Hilfe von Fensterläden, Jalousien, Vorhängen, Markisen oder Paravents gemildert werden. Wie immer, so ist auch hier das Entscheidende, ein harmonisches und ausgeglichenes Ganzes zu schaffen.

Mit künstlichem Licht sind Kerzen, Gas- und Öllampen wie auch elektrisches Licht gemeint. Es ist ein praktischer und moderner Gedanke innerhalb des Feng Shui, mit Hilfe von elektrischem Licht das Glückverheißende zu fördern. Doch ist zuviel künstliches Licht unangemessen, und künstliches Licht von außen in den Wohnraum hereinzuleiten gilt im Feng Shui ebenfalls als ungünstig. So gilt es zum Beispiel als feindlich und unschön, wenn eine große Neon-Leuchtreklame von außen in ein Fenster hereinscheint. Ihr Schein muß reguliert werden wie natürliches Sonnenlicht. Fensterläden, Vorhänge, Jalousien und Feng-Shui-Talismane helfen, die Situation zu mildern.

Heute installiert man Außenleuchten im Feng Shui oft so, daß sie die Mauer oder Fassade eines Hauses anstrahlen und so das Glück fördern. Lampen im Hinter- oder Seitenhof können ebenfalls günstig sein. Doch seien Sie vorsichtig damit, denn für Ihre Nachbarn ergibt sich möglicherweise eine heikle Situation, wenn die Lampen schlecht eingestellt sind oder direkt in ihre Fenster hineinleuchten. Innerhalb des Hauses kann richtiger und angemessener Gebrauch von Lampen sehr günstig sein und eignet sich besonders gut, scharfe Ecken und Kanten aufzuweichen. Indirektes Licht oder Deckenfluter sind hierfür gut geeignet.

Wie bereits erwähnt, kann eine Lampe an der Nordwand, die Sie die ganze Nacht brennen lassen, diesen verwundbaren Teil des Hauses schützen. In anderen Bereichen wie dem des Todes, der Katastrophen, der Fünf

Geister und Sechs Konflikte können Tisch- oder Stehlampen mit fröhlichem, warmem Licht hilfreich sein – oder Sie setzen sie sogar ein, um einen guten Bereich noch zu stärken, wenn Sie das möchten. Denken Sie daran, daß es das vorrangige Ziel ist, Gleichgewicht, Harmonie und Klarheit zu schaffen, und folgen Sie Ihrem eigenen Urteil und Gefühl.

Architektonische Merkmale

Haupteingang und Fenster

Eingang und Fenster Ihres Zuhauses stehen unter dem Einfluß der Umgebung. Ein großer, spitzwinkliger oder scharfkantiger Gegenstand wie die Ecke des gegenüberliegenden Hauses kann einen sehr schädlichen Einfluß haben, wenn er genau auf Ihre Eingangstür oder die Fenster weist. Der Einfluß ist um so ungünstiger, je geringer der Abstand, doch selbst auf große Entfernung ist die Situation im Sinne des Feng Shui noch schlecht. Wenn direkt gegenüber dem Fenster oder Eingang ein großer Schornstein, Baumstamm, Telefon- oder Oberleitungsmast steht, so ist das ebenfalls sehr schädlich. Große und dauerhafte Bedrohungen wie diese zu korrigieren kann aus vielerlei Gründen schwierig sein. In einigen Fällen mag es sogar das Beste sein, in ein anderes Haus oder eine andere Wohnung umzuziehen.

Wenn das nicht möglich ist, können Sie verschiedene Gegenmaßnahmen ergreifen. Im Falle des Baumstammes oder Telephonmastes, der die gerade Eingangslinie Ihrer Tür zweiteilt, zeigt *Abb. 20* ein solches Gegenmittel. In diesem Fall hat der Hausbesitzer zwei hohe Laternen links und rechts des Einganges aufgestellt. Das entstehende Dreieck (Lampe – Tür – Lampe) bildet ein Gegengewicht zu der Bedrohung des großen Baumstammes. Die zwei Lampen schützen den Eingang, und in der Nacht wird ihr Licht Eindringlinge abwehren.

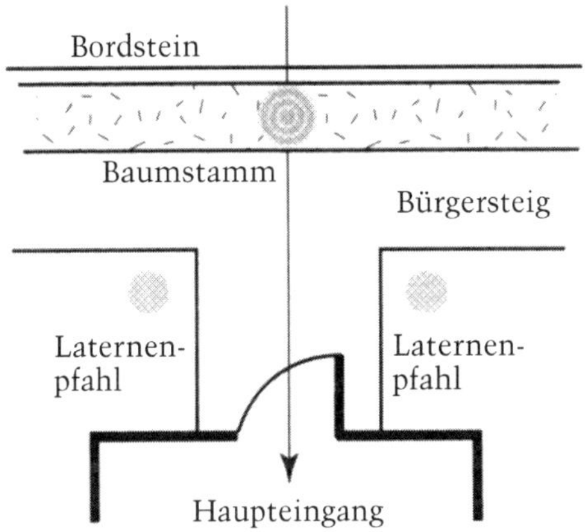

Abb. 20: Ausgleich für einen Baumstamm, der die Mittellinie des Haupteingangs durchtrennt

Das Problem ist weniger gravierend, wenn feindliche Objekte wie Hausecken oder Schornsteine von Ihren Fenstern und Türen aus zwar sichtbar, aber nicht in direkter Linie davor sind, aber Sie sollten die Situation dennoch nicht unterschätzen. Ein einfaches Gegenmittel ist, eine hölzerne *Bagua*-Tafel über das fragliche Fenster oder den Eingang zu hängen, und zwar entweder außen oder innen (die Eigenschaften und Funktion der *Bagua*-Tafel werden wir weiter unten noch besprechen). Manch einer möchte den Effekt einer außen aufgehängten *Bagua*-Tafel vielleicht noch steigern, indem er eine kleine Lampe anbringt, die die Tafel bei Nacht anstrahlt.

Weder Haupteingang noch Fenster eines Hauses sollten genau gegenüber einer großen, offenen Einfahrt zu einem Gebäude oder gegenüber einem Friedhofseingang liegen. Ersteres ist als „Rachen des Tigers" bekannt und entsprechend gefährlich und beunruhigend. Das Ungute an der zweiten Situation müssen wir nicht näher erklären. Gegenmittel gibt es kaum, so daß es besser ist umzuziehen. Wenn die Bedrohungen allerdings mehr als ein paar hundert Meter entfernt sind, ist es möglich, die Situation durch kreativen Einsatz von verschiedenen Arten von Blickschutz zu mildern (Hängepflanzen, Vorhänge, Stellwände usw.).

Die Eingangsstufen, die Form des Eingangs und der Eingangsraum sind sehr wichtige Elemente im Feng Shui eines Hauses. Ihnen sollte größte Aufmerksamkeit gewidmet werden, und zwar nicht nur in bezug auf die Lage des gesamten Hauses, sondern auch in bezug auf Details in der Gestaltung ihrer selbst. Die äußere Umgebung und der Eingangsbereich eines Hauses müssen ungefähr die gleiche Höhe haben und großzügig angelegt sein, um das

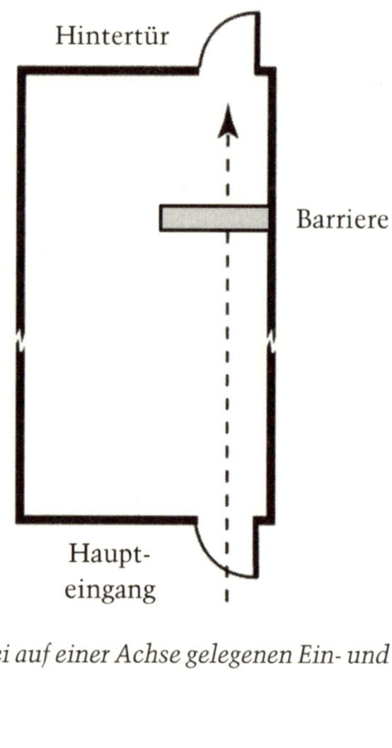

Abb. 21: Abhilfe bei auf einer Achse gelegenen Ein- und Ausgangstüren

Glück willkommen zu heißen und zum Bleiben zu animieren. Auf keinen Fall darf es dicht an der Eingangstür eine Stufe abwärts geben. Das wäre nicht nur ein Sicherheitsrisiko, sondern auch ein Fehler im Sinne des Feng Shui, denn die Stufe würde die Drei Kostbarkeiten des Lebens, der Liebe und des Wohlstands herunterfallen lassen. Als einfache Gegenmaßnahme sollten Sie sicherstellen, daß die Umgebung außen weit und großzügig und die Stufen flach und sicher sind.

Türen

Die Lage von Türen zueinander und zu anderen architektonischen Gegebenheiten ist sehr wichtig. Im folgenden zeigen wir Ihnen ein paar gängige Situationen, auf die Sie achten sollten. Es ist sehr ungünstig, wenn die Tür des Haupteingangs auf einer geraden Achse ungehindert zum Hinterausgang führt. Das erlaubt dem *Qi*, aus dem Haus herauszusickern und kann Vorbote von finanziellen und anderen Problemen sein. Legen Sie die rückwärtige Tür an eine andere Stelle, wenn möglich, oder halten Sie sie ständig geschlossen. Wenn das nicht möglich ist, gibt es

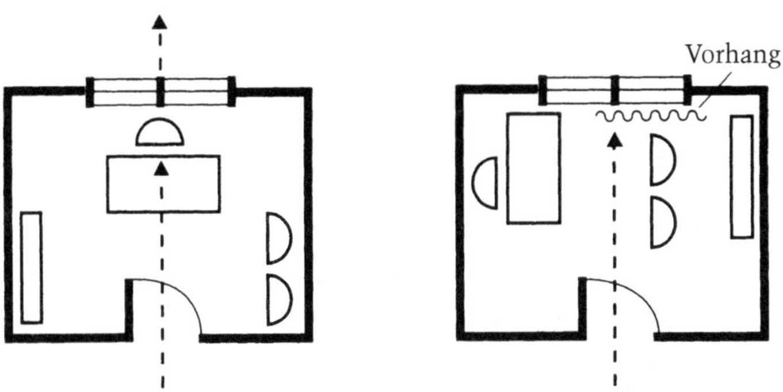

Ein schlechtes Arrangement — Eine bessere Lösung

Abb. 22: Verschiedene Anordnungen von Fenstern und Türen

eine andere, relativ einfache Lösung: Stellen Sie eine Barriere oder kleine Wand auf, wie in *Abb. 21* gezeigt, um Durchzug von der Eingangs- zur Hintertür zu vermeiden. Das wird helfen, das *Qi* und andere positive Einflüsse im Raum zu halten, und den Menschen von Nutzen sein, die in diesem Raum leben.

Aus den gleichen Gründen ist es ungünstig, wenn im Schlafraum, Büro oder einem anderen Zimmer die Fenster der Tür direkt gegenüberliegen *(Abb. 22)*. Wenn eine solche Situation vorliegt, verschlimmern Sie das Problem nicht noch dadurch, daß Sie einen Schreibtisch oder ein Bett auf der gleichen Achse aufstellen. Das ist sehr unvorteilhaft für die Person, die den Raum nutzt. Bringen Sie Bett oder Schreibtisch in einem geschützteren Teil des Zimmers unter, und benutzen Sie Ihre Phantasie, um kreative Lösungen zu finden, von der direkten Fenster-Tür-Linie abzulenken oder sie zu verschleiern. Eine Hängepflanze oder halb zugezogene Vorhänge vor dem Fenster sind zwei Möglichkeiten.

Die Fischgräten-Anordnung von Bürotüren einander direkt gegenüber, wie in vielen Bürogebäuden üblich, ist ebenfalls schlecht im Sinne des Feng Shui. Das direkte Gegenüber von Tür und Tür wird Konflikte heraufbeschwören und das Arbeitsklima verschlechtern. Es wäre besser, die Türen gegeneinander versetzt anzuordnen – etwas, das natürlich zu einem sehr frühen Stadium der Büroplanung berücksichtigt werden sollte.

Weder Innen- noch Außentüren einer Wohnung oder eines Hauses sollten unmittelbar zu einer Treppe hinführen. Türen, die sich zu einer Treppe hin öffnen, sind eine physische Gefahr für Kinder, aber auch für Erwachsene, besonders nachts. Darüber hinaus birgt eine solche Konstruktion die Gefahr von Konflikten und finanzieller Instabilität für die Bewohner des Hauses. Es sollten auch weder die Eingangs- noch sonst eine Tür direkt gegenüber der Türöffnung zu Toilette, Küche oder Schlafzimmer liegen. Denn dadurch entstünden schädliche Konstellationen, die zu Unglück und Konflikten führen – und die Privatsphäre ist auch gestört. Leider sind Korrekturen solch architektonischer Unzulänglichkeiten wie ungünstiger Türöffnungen und Eingänge kostspielig und können nicht ohne Hilfe eines Architekten oder Baumeisters durchgeführt werden.

Die Kante einer sich nach innen öffnenden Tür wird im Feng Shui als „Messerschneide" bezeichnet *(Abb. 23)*. Vermeiden Sie es unter allen Umständen, Schreibtisch, Bett, Sessel, Sofa – jegliches Möbelstück, an oder in dem man längere Zeit zubringt – so aufzustellen, daß die Messerschneide darauf zeigt oder auf sie zuschwingt. Die Messerschneide fördert Konflikte und Probleme jeder Art, insbesondere für den Vorstand eines Haushalts oder

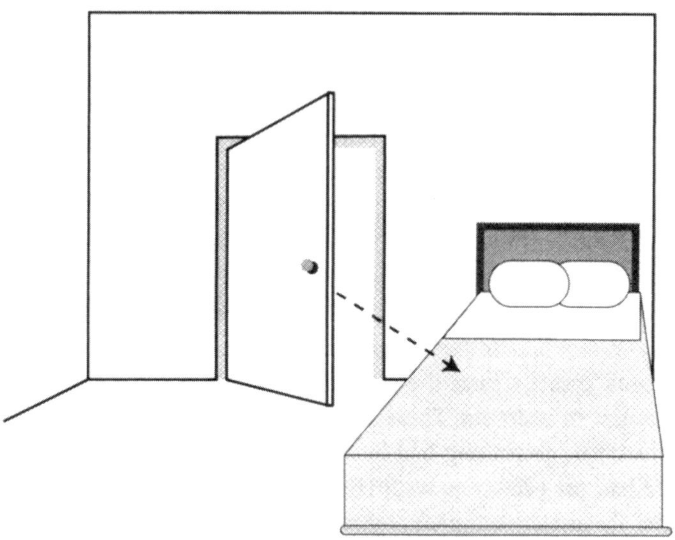

Abb. 23: Die „Messerschneide" einer Tür

einer Firma. Es gibt zahlreiche Möglichkeiten, dieser Gefahr zu begegnen. Die einfachste ist es, Ihre Möbel aus der Gefahrenzone zu nehmen. Eine andere ist es, die Tür andersherum aufzuhängen, so daß sie nach außen statt nach innen schwingt, oder sie durch eine Schiebetür zu ersetzen. Doch sind dies potentiell teure Lösungen. Einfacher und billiger dürfte es sein, einen einigermaßen großen und senkrechten Spiegel an der genüberliegenden Wand aufzuhängen, der die Türkante reflektiert und die Bedrohung der Messerschneide mit Hilfe ihres eigenen Spiegelbildes abwehrt. Und für diejenigen unter Ihnen schließlich, die gern handwerkern und nähen: Sie können eine Stoffjacke für die Tür konstruieren, die die Türkante abdeckt und ihr mit vielen Falten und doppelten Lagen die Schärfe und Härte nimmt, ähnlich wie Vorhänge oder Überdecken von Möbeln. Diese Lösung des Problems kann sowohl witzig als auch billig sein.

Ecken und Wände im Rauminneren

Neunzig-Grad-Winkel und scharfe Schnittstellen sind im Feng Shui unbeliebt. Vorteilhafter sind abgerundete Kanten, kurvige Linien und weiche Ecken. Die unnachgiebig harten Konturen und geradlinigen Formen von Inneneinrichtungen wirken oft unfreundlich. Modernes Design schafft mit vielen sonderbaren Winkeln und harten Schnittlinien besonders leicht aufdringiche und unruhige Formen, die die Ruhe eines Heims oder Büros stören.

Auch in diesem Fall ist es möglich, statt aufwendiger Umbauten kostengünstige und kreative Lösungen zu finden, um ein Gefühl von Harmonie und organischer Form zu schaffen, dem Wesen des Feng Shui entsprechend. Mit Hilfe von Licht lassen sich scharfe Kanten im Innern eines Raumes am besten aufweichen. Durchdachte Positionierung von Stehlampen, indirekter Beleuchtung und

Tischlampen können viel ausrichten, um harte Ecken und Winkel weicher zu machen. Aufwärts gerichtete Strahler installieren Sie am besten hinter Sofas oder hohen Topfpflanzen. Geschickter Einsatz von Licht und Farben kann wahre Wunder wirken, wenn es darum geht, einen auf den ersten Blick unfreundlichen und scharfkantigen Raum mit Wärme, Weichheit und Gemütlichkeit zu füllen.

Säulen und Balken

Säulen und Deckenbalken sind architektonische Gegebenheiten, die für die strukturelle Standfestigkeit und Sicherheit eines Hauses oder Gebäudes notwendig sind. Dennoch kann das Wie und Wo von Balken und Säulen im Verhältnis zum Innern eines Hauses aus der Sicht des Feng Shui unerwünscht und inakzeptabel sein, und dem sollten Sie auf jeden Fall Beachtung schenken.

So ist zum Beispiel eine große Säule, die sich auf einer Linie mit dem Haupteingang oder mitten im Zimmer befindet, ein großes Problem. Im Feng Shui nennt man das „Herzblock", und er ist für die Menschen, die in diesem Raum leben oder arbeiten, höchst ungünstig

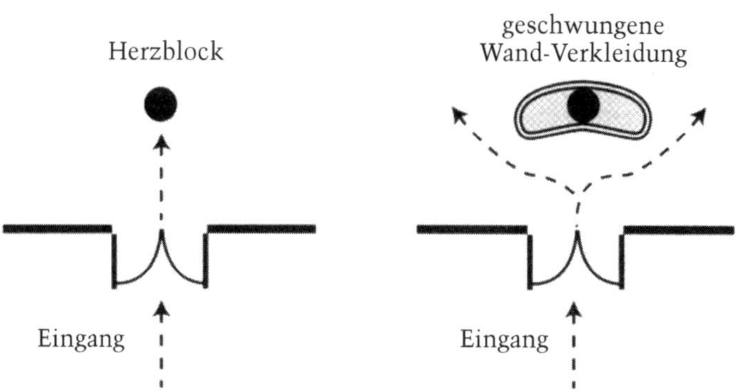

Abb. 24: Ein „Herzblock" und eine mögliche Lösung des Problems

(Abb. 24). Ein Herzblock beschwört Konflikte und andere Probleme herauf, und das visuelle Hindernis, dem die Bewohner täglich ausgesetzt sind, zeigt Auswirkungen auf den Geist der Menschen. Es kann kostspielig werden, dieses Problem zu lösen, denn es ist nicht einfach, entweder die Säule oder den Eingang zu verlegen. Eine Möglichkeit ist, die Tür nicht mehr als Haupteingang zu benutzen, sondern einen Nebeneingang entsprechend umzufunktionieren.

Wenn das nicht möglich ist, so gibt es noch eine andere Möglichkeit: Sie können den Herzblock mit einer freundlichen und halbrunden Wand verkleiden, die die Säule vom Boden bis zur Decke verhüllt *(Abb. 24).* Stellen Sie eine große Grünpflanze, einen künstlichen Springbrunnen oder ein kleines Wasserbecken mit Pflanzen an den Fuß der Wand, in der die Säule beerdigt ist. Diese geschwungene Trennwand und das Wasser-Arrangement helfen, das schlechte Feng Shui des Herzblocks aufzuwerten.

Ein großer Deckenbalken kann ein weiteres Problem sein. Wie ein Damokles-Schwert hängt er über den Köpfen der Menschen, die hier sitzen oder schlafen, und kann drohendes Unheil bedeuten oder sogar den Tod *(Abb. 25).* Leider sind Balken meist unveränderliche Bestandteile eines Gebäudes und können nicht einfach entfernt oder verlegt werden. Eine Möglichkeit ist es, die Decke tiefer zu hängen, um den Balken zu verstecken. Doch in den meisten Fällen wird das nicht genügen, um seinen unheilschwangeren Einfluß auszuschalten, und die Menschen in dem Raum werden nach wie vor ein Gefühl des Unwohlseins ob des unsichtbar über ihren Köpfen drohenden Balkens empfinden. Sie sollten das Zimmer so einrichten, daß in der Nähe des Balkens keine Möbel stehen, an oder in denen Menschen längere Zeit zubringen (Betten, Schreibtische, Sofas usw.).

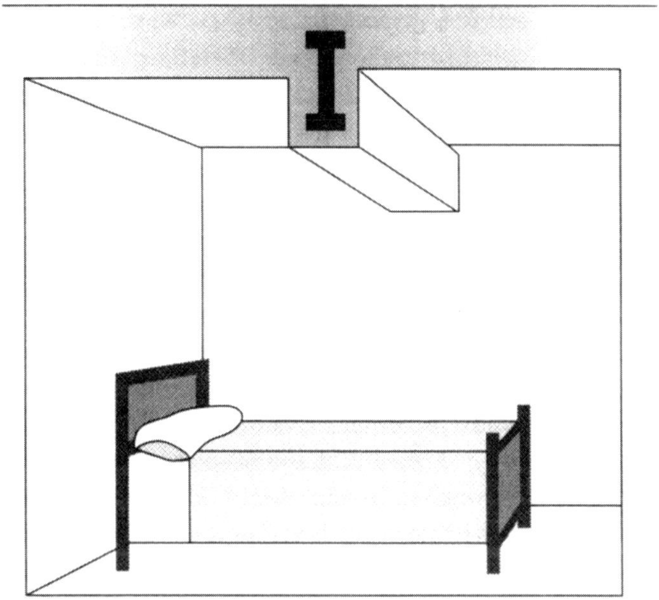

Abb. 25: Ein Bett unter der Bedrohung eines Deckenbalkens

Über Dachsparren brauchen Sie sich keine Gedanken zu machen, weil sie kleiner und daher keine Bedrohung sind. Auch Luftröhren und -kammern sind kein Problem, weil sie hohl sind.

Küchen und Badezimmer

Es ist wichtig, die Orte für Küche und Badezimmer gut zu wählen, weil beide Gesundheit und Wohlbefinden der Menschen, die in diesem Haus leben, stark beeinflussen. In der Küche steht der Ofen mit seiner Hitze und dem Feuer, und hier sind alle scharfen und spitzen Gegenstände des Hauses untergebracht. Die Küche ist daher ein Ort der Aktivität, Bewegung, Hitze und der *Yang*-Energie. Eine Küche sollte nie in der Mitte eines Hauses liegen, auch wenn manche Designer das vielleicht ganz praktisch finden. Das wäre eine Konstruktion des „brennenden Herzens" und ist unter allen Umständen zu vermeiden. Tägliche Küchenaktivitäten wie Schneiden, Zerkleinern, Braten und Rösten dürfen nicht im *Qi*-Zentrum des Hauses stattfinden, das luftig und unbelastet sein sollte! Die Küche muß an der Seite der Wohnung oder des Hauses liegen oder wenigstens nicht in der Mitte. Im alten China hätte man nicht im Traum daran gedacht, eine Küche als „brennendes Herz" im Haus zu installieren, und da selbst moderne Öfen und Herde mit ihren Ventilatoren und Abzugshauben nicht ganz frei sind von Gerüchen, Rauch, Fett und der potentiellen Feuergefahr, macht es Sinn, den alten Chinesen in ihrer Idee zu folgen.

Badezimmer und Toiletten haben mit Wasser zu tun, was nach dem Feng Shui normalerweise gut ist. Doch da beide sowohl mit Abfall und Dreck als auch mit einer gewissen Privatsphäre verbunden sind, sollten ihre Standorte ebenfalls wohl überlegt werden. Manche Feng-Shui-Meister bringen Toilette und Badezimmer gern an Stellen unter, die nach der Analyse der Methode der Neun Sterne als schlecht gelten, denn dann werden Unglück und böse Einflüsse aus dem Haus gespült und fortgewaschen.

Heizung und Klimaanlage

Künstliche Hitze gilt wie die natürliche Wärme der Sonne als *Yang*-Kraft. In windigen Nächten und im Winter wärmen Heizungen, ob fest installierte Heizkörper oder tragbare Heizlüfter, kühle Ecken. Ganz allgemein ist es günstig, diese Geräte unterhalb von Fenstern an der Nordwand unterzubringen oder im Nordosten und Nordwesten, wo oft kalte Winde wehen. Da Klimaanlagen ihrem Sinn entsprechend kalt sind, gelten sie als *Yin*-

Kräfte. Sie sind wunderbar geeignet, die heiße *Yang*-Energie des Sommers zu neutralisieren, doch allzu häufiger Gebrauch birgt die Gefahr von Durchzug und Krankheit. Sie sind ähnlich offenen Fenstern, da sie Luft von außen hereinziehen, und müssen deshalb mit Vorsicht behandelt werden. Da die kalten Winde einer Klimaanlage für kleine Kinder und ältere Leute ungesund sein können, tun Sie gut daran, Sitzgruppen oder Schlafgelegenheiten durch Vorhänge oder Wandschirme zu schützen.

Hilfsmittel des Feng Shui

Es gibt eine Reihe von Dingen, die im Feng Shui benutzt werden, um schlechten Einflüssen entgegenzuwirken und gute zu unterstützen, oder um den Bewohnern eines Hauses besonderen Schutz zu gewähren. In den folgenden Abschnitten stellen wir einige der gebräuchlichsten dieser Werkzeuge vor und erläutern, wie sie von Praktizierenden des Feng Shui genutzt werden.

Spiegel

Spiegel jeder Form und Größe sind sehr wirksame Hilfsmittel im Feng Shui. Sie haben die Kraft, sowohl spiegelnd zurückzuwerfen als auch zu verstärken, sowohl das Schlechte abzuwehren als auch das Gute zu fördern. Dennoch sollten Sie Spiegel aufgrund ihrer vielfältigen Eigenschaften und Kräfte nicht unbedacht aufhängen. Manchmal initiieren Priester und Schamanen mit Hilfe von Gebeten und Ritualen Spiegel für den Gebrauch im Sinne des Feng Shui. Ein Spiegel dieser Art ist dann kein Spielzeug noch auch ein Dekorationsstück oder etwas, woran Sie einfach Ihren Spaß haben. Es ist ein wichtiges

Instrument, das an einem ganz bestimmten Punkt eingesetzt wird, um das Feng Shui des Hauses in einer bestimmten Weise zu beeinflussen.

Es gibt eine ganz bestimmte Art von Spiegel, die Ihnen sehr wahrscheinlich nie begegnen wird, von der zu wissen aber dennoch interessant ist. Es handelt sich um den Spiegel der Geisterbeschwörer, der von geübten Priestern oder Schamanen benutzt wird, um einen bösen Geist oder übelwollende Kräfte aufzunehmen und anschließend zu zerstören. Die Scherben versenkt man in tiefem Wasser oder vergräbt sie in der Erde. Diese magischen Spiegel sind gefährliche Werkzeuge und werden nur benutzt, wenn in einem Haus eine ernste Krankheit oder Tragödie gewesen ist. Selbst Schamanen und Priester sind sehr vorsichtig im Umgang mit ihnen, denn das schlechte Karma kann auf sie selbst übergehen.

Grundsätzlich aber sind vor allem ganz normale Spiegel gute Instrumente mit vielen positiven und nützlichen Eigenschaften wie etwa den folgenden:

Sie können mit Hilfe mehrerer nebeneinander gehängter Wandspiegel natürliches und künstliches Licht reflektieren, um düstere Räume aufzuhellen, die zuviel *Yin*-Energie in sich bergen. Dekorative Wandspiegel dieser Art haben den zusätzlichen Nutzen, daß sie enge und verbaute Räume größer erscheinen lassen.

An der Nordwand aufgestellte oder -gehängte Spiegel reflektieren das natürliche Licht des sonnigen Südens. Spiegel hellen dunkle Ecken oder fensterlose und lange Flure auf und nehmen ihnen so die Schwere.

Daß ein Spiegel die „Messerschneide" einer nach innen öffnenden Tür abwehren kann, erwähnten wir weiter oben bereits. Wenn Sie im Schlafzimmer Spiegel aufhängen, sollten Sie darauf achten, daß sie nicht das Kopfende des Bettes reflektieren bzw. am besten überhaupt keinen Teil des Bettes *(Abb. 26)*. Um das zu vermeiden, sollte der Spiegel umgehängt oder mit gefälligen Vorhängen abgeschirmt bzw. verhängt werden.

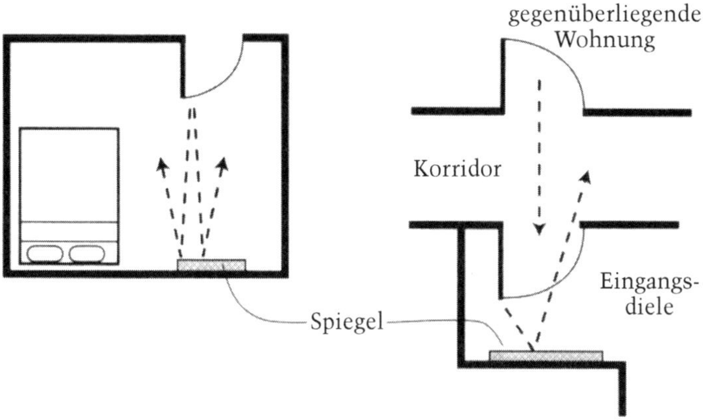

Abb. 26: Gebrauch von Spiegeln im Schlafzimmer und in der Eingangsdiele

Auch sollte ein Spiegel nie Kopf und Körper einer Person einfangen, die am Schreibtisch oder in einem Sessel sitzt. Es ist nicht gut, wiederholt und über längere Zeit der eigenen Person zu begegnen, während man irgendwo sitzt.

Sie können Spiegel auch in Eingangsdielen wunderbar einsetzen *(Abb. 26)*. Ein wohlproportionierter Wandspiegel kann auf eine düstere Eingangsdiele belebend wirken und sie zu einem angenehmen Raum machen. Er wird zugleich die Messerschneide der Eingangstür reflektieren – und die meisten Eingangstüren öffnen nach innen. Ein Spiegel ist außerdem eine gute Vorsichtsmaßnahme, wenn Ihre Wohnungstür der Ihres Nachbarn genau gegenüberliegt – was sehr häufig vorkommt, jedoch als schlechtes Feng Shui gilt und leicht Konflikte und Feindschaft hervorruft. Ein Spiegel in der Eingangsdiele kann dem abhelfen, indem er schlechte Einflüsse abwehrt, bevor sie weiter in die Wohnung eindringen können.

Geometrische Formen

Geometrische Formen spielen im äußeren Feng Shui eine Rolle, wo man mit ihrer Hilfe Landschaften und Baugelände analysiert und charakterisiert. Doch ist die Geometrie auch von Inneneinrichtungen nicht ohne Bedeutung. Wie wir weiter oben bereits erläutert haben, klassifiziert die daoistische Weltanschauung alle Dinge mit Hilfe der Fünf Elemente (Metall, Wasser, Holz, Feuer und Erde) und ihren Kombinationen, bei denen sie sich entweder widersprechen oder ergänzen. In *Abb. 27* sehen Sie verschiedene geometrische Formen und welchem Element sie jeweils zugeordnet werden. Diese Zusammenhänge können Sie sich im inneren Feng Shui zunutze machen, um einen schlechten Bereich zu neutralisieren oder zu kompensieren. Wenn zum Beispiel der Eingang eines Hauses im Osten liegt, so ist der Westen die Domäne des Todes. Doch wird der Westen andererseits mit Wasser assoziiert, und diesen positiven Aspekt können Sie verstärken, indem Sie einen geschwungenen Gegenstand – etwas, das an Wasser erinnert – hier hinstellen. Die besonders Kreativen unter den Leserinnen und Lesern werden Spaß daran haben, ihren Lebensraum zu harmonisieren, indem sie die Gestaltungsmöglichkeiten nutzen, die sich durch die in bestimmten Formen verkörperten Fünf Elemente ergeben. Selbst feste Elemente wie Fenster können in ihrer Form verändert werden, um das Feng Shui eines Raumes zu verändern.

Bilder und Skulpturen

Sie können Kunstwerke im Feng Shui sehr wirkungsvoll einsetzen. Zu den weit verbreiteten Maßnahmen gehört es, ein üppiges Landschaftsbild mit warmen Farben an die kalte Nordwand zu hängen. Für die Westwand, die mit Wasser assoziiert wird und die Domäne des Weißen Tigers ist, eignet sich ein Gemälde mit ruhiger Seenlandschaft. Und Bilder mit religiösen Motiven oder Symbolen hängen Sie am besten in ungünstigen Bereichen des Hauses auf, um ihrem Einfluß wirksam zu begegnen.

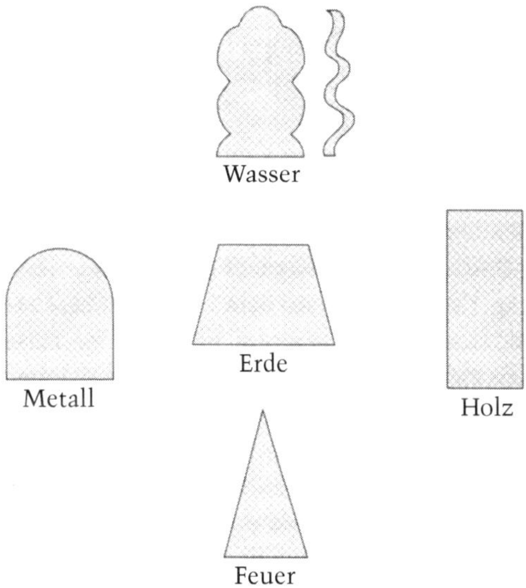

Abb. 27: Geometrische Formen und ihre Entsprechungen innerhalb der Fünf Elemente

Skulpturen wie ein Paar *Fu*-Hunde, Löwen oder Tiger sind gute Wächter am Eingang von Wohnhäusern und anderen Gebäuden. Kleinere Ausführungen dieser Tiere finden in unfreundlichen Teilen des Hauses Platz, um böse Einflüsse abzuwehren. Für diesen Zweck eignen sich auch hölzerne Drachenmasken oder religiöse Figuren wie Engel oder eine Statue von Guanyin, der Göttin der Gnade. Sie können einen unguten Sektor auch aufwerten, indem Sie einen religiösen Text dort anbringen – gleichgültig ob aus der Bibel, dem Koran oder den buddhistischen Sutras.

Münzen

Alte Münzen galten nicht nur in China lange Zeit als Glücksbringer, sondern auch in vielen anderen Kulturen. Im Westen werden alte Münzen oft in Ringe oder andere Schmuckstücke eingearbeitet und dienen sowohl als Glücksbringer als auch einfach als Verschönerung. Doch gibt es in der chinesischen Tradition einige Besonderheiten im Zusammenhang mit Münzen.

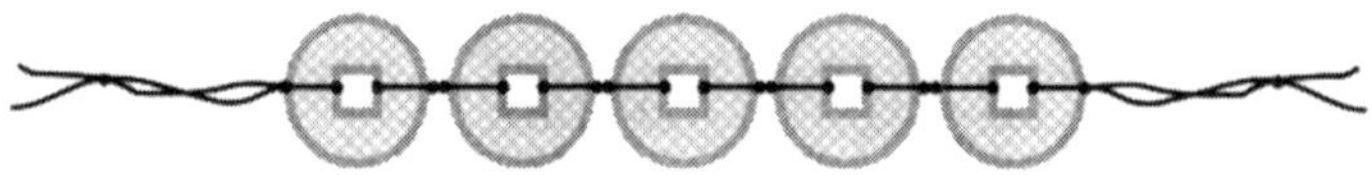

Abb. 28: Eine Glücksschnur mit fünf antiken chinesischen Münzen

Eine ist die der kleinen roten Papierumschläge, in denen das „Glücks-Geld" an Neujahr verschenkt wird. Sie bekommen sie in chinesischen Geschäften, können Sie aber auch leicht selber basteln. Legen sie ein Paar Münzen auf ein quadratisches Stück Papier und falten Sie das Papier eng um die Münzen herum. Machen Sie vier solcher Umschläge – wobei die Münzen nicht zwingend chinesisch und nicht zwingend alt sein müssen – und befestigen Sie je einen jeweils an den Ecken Ihres Bettes, Ihres Schreib- oder Arbeitstisches. Bringen Sie die Umschläge so an, daß sie den Blicken nicht direkt preisgegeben sind. Sie können solche Umschläge auch an den vier Ecken Ihres Hauses oder Ihrer Wohnung anbringen, wenn Sie möchten, oder über dem Eingang, wobei hier ein einzelner genügt, um Glück zu bringen.

Antike chinesische Münzen, solche mit einem quadratischen Loch in der Mitte, sind häufig zu drei, fünf oder sieben Stück auf eine Schnur aufgezogen. Zwei rote Bänder, meistens aus Seide, halten sie zusammen, denn rot ist die Farbe der Freude. Die Bänder werden durch die

Löcher in den Münzen durchgezogen und verknotet wie in *Abb. 28* gezeigt. Schnüre wie diese werden über den Haupteingang eines Wohnhauses gehängt, um Glück zu bringen und Übel abzuwehren. Sie sind ebenfalls gut geeignet, ungünstige Teile des Hauses wie den des Todes oder der Katastrophe zu neutralisieren. Sie können die Schnur waagrecht zwischen zwei Nägel hängen (was sich über einem Eingang anbietet) oder vertikal an einen einzigen (wenn nicht mehr Platz zur Verfügung steht).

Moderne Münzen eignen sich ebensogut, einen schlechten Sektor auszubalancieren. Stellen Sie fünf Tassen mit Deckel auf einen kleinen Tisch oder in ein Regal. Füllen Sie sie mit Wasser, legen Sie einen Groschen, Fünfer oder Pfennig hinein, und schließen Sie den Deckel, damit das Wasser nicht so schnell verdunstet. Wechseln Sie das Wasser, wenn nötig. Wenn Ihnen das zu aufwendig ist, so hat eine Sammlung von fünf kleinen Glücks-Tieren – Tiger, Bären, Drachen, Löwen oder eine Kombination von diesen – den gleichen Effekt.

Jade

Im alten China galt Jade (Nephrit oder Jadeit) und alles, was aus Jade geschnitzt war, als glücksbringend. Man glaubte, Jade sei ein heiliger Stein, der den Menschen vom Himmel geschenkt sei. Reisende trugen oft eine kleine Jade-Scheide oder einen Jade-Anhänger am Gürtel, zur Sicherheit und als Glücksbringer, und bis heute wird Jade von Männern wie von Frauen als Schmuck bevorzugt. Ähnlich wie antike Münzen können kleine Jade-Stücke oder Jade-Figuren ungünstige Bereiche im Haus aufwerten.

Bäume und andere Pflanzen

Sie können Bäume oder Büsche als Blickschutz pflanzen, um vor einem unschönen Ausblick vor dem Haupteingang oder auf der anderen Straßenseite abzuschirmen. Vor Eingängen oder Fenstern, die einem Friedhof oder etwas sonst Bedrohlichem in direkter Linie ausgesetzt sind, bietet es sich an, als Schutzschirm einen Guanyin-Bambus zu pflanzen (der nicht größer als zweieinhalb bis drei Meter wird). Kleine Kiefern oder Föhren oder eine dornige Rosenhecke erfüllen den gleichen Zweck. Ziehen Sie einen Fachmann zu Rate, der Ihnen unter Berücksichtigung von Größe, Wachstum, Pflege und Kosten sagen kann, welche Pflanze für Ihr spezielles Haus am ehesten in Frage kommt.

Abb. 29: Eine Bagua-Tafel

Bei weniger bedrohlichen Ausblicken wie einem häßlichen Gebäude in der Ferne, einem Schornstein oder einem großen, leeren Grundstück erfüllen fünf eingetopfte Kakteen auf der Innenseite der Fensterbank den visuellen Schutz vor schlechten Einflüssen.

Wenn Sie einem Unheil verheißenden Teil Ihres Hauses lieber konfrontativ begegnen, so ist ein zusätzlich aufgestellter, großer Kaktus gut. Auf keinen Fall darf ein Kaktus im *Qi*-Zentrum eines Hauses oder entlang der Westmauer stehen – diese Gegenden können durch Trokkenheit und Dornen Schaden nehmen. Darüber hinaus beachten Sie bitte, daß Sie schlecht beraten sind, wenn Sie den gefährlichsten Bereichen Tod und Katastrophe allzu konfrontativ begegnen – Glücksbringer, Talismane und Gegenstände, die die schlechten Einflüsse abwehren oder neutralisieren, sind hier die bessere Lösung.

Eine Bagua-Tafel

Eine *Bagua*-Tafel ist normalerweise achteckig, aus Holz und mit dem *Bagua* (den Acht Trigrammen) und dem *Yin-Yang*-Symbol geschmückt *(Abb. 29)*. Sie ist normalerweise vorwiegend gelb und rot angemalt, mit weiteren Farben als Dekoration. Rot steht für Freude, und gelb symbolosiert Vornehmheit, Kraft und Stabilität. Im alten China stand alles Goldgelbe für den Herrscher und seinen kaiserlichen Hofstaat. Einige *Bagua*-Tafeln haben einen kleinen runden Spiegel in der Mitte, bei anderen trägt ein gelber Tigerkopf sie auf der Stirn. Die *Bagua*-Tafel ist sehr gut geeignet, Konflikte und schlechte Einflüsse abzuwehren, und Sie können sie in ungünstig gelegenen Teilen des Hauses leicht und unauffällig an einer Wand, in einem Regal oder an einem Tisch unterbringen. Viele Chinesen hängen sie außen über den Eingang ihres Hauses, um böse Einflüsse schon an der Tür abzuwehren. Einige bestrahlen die Tafel nachts mit einer eigens angebrachten Lampe, um ihren Nutzen zu verstärken und zu betonen.

Sie können Ihre *Bagua*-Tafel im Asien-Handel kaufen. Doch es macht Spaß, Dinge selbst zu machen, und vielleicht finden Sie Freude daran, Ihre eigene *Bagua*-Tafel zu basteln. Das Muster darauf entnehmen Sie Abb. 29, und bemalen können Sie das Ganze so bunt wie Sie wollen. Dann ist es wirklich Ihre eigene und als Beschützer Ihres Hauses noch wertvoller.

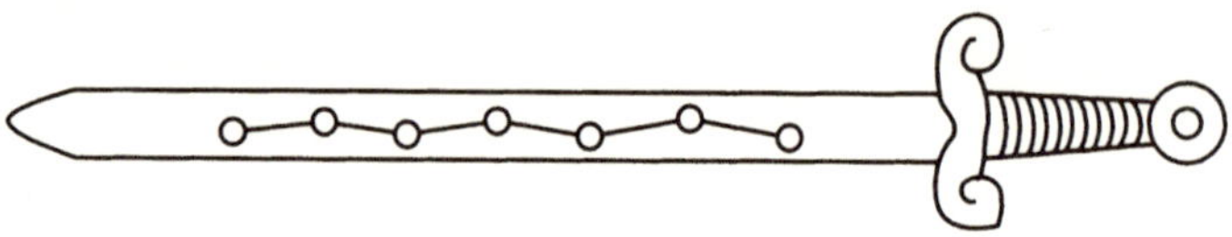

Abb. 30: Ein Sieben-Sterne-Schwert

Das Sieben-Sterne-Schwert

Dies ist ein zeremonielles und Zierschwert aus Metall oder Holz, auf dessen Scheide beidseitig sieben kleine Kreise zu sehen sind, die für die sieben sichtbaren Sterne des Großen Wagens stehen *(Abb. 30)*. Wie Sie sehen, sind die Sterne mit einer dünnen Zickzack-Linie verbunden, um den Bezug zum Großen Wagen und zum Nordstern herzustellen und das Eintreten für Gerechtigkeit und gegen Übel zu betonen. Die Sterne sind im allgemeinen in die Klinge eingraviert oder eingelegt. Wenn Sie Ihr Sieben-Sterne-Schwert selbst basteln wollen, können Sie die Sterne auch aufmalen, und zwar entweder in weiß oder gelb. Das Zierschwert hängen Sie am besten horizontal über Fenster mit einem unschönen Ausblick oder an die Wand eines schlechten Sektors im Haus.

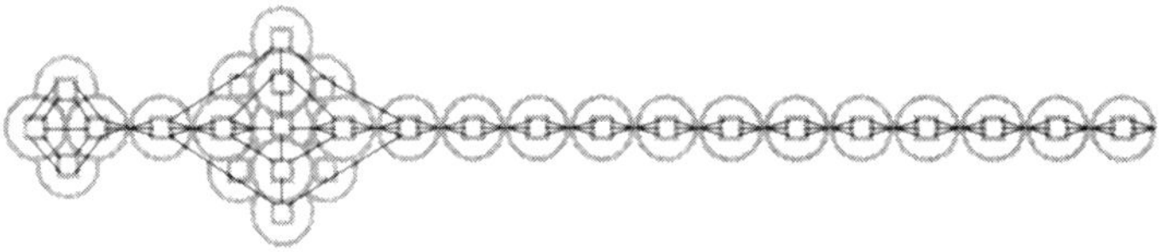

Abb. 31: Ein chinesisches Münz-Schwert

Eine Variante dieses Feng-Shui-Schwertes ist das traditionelle Münz-Schwert, das aus vielen antiken chinesischen Münzen und mit rotem Seidenband zusammengebunden und -gesteckt ist *(Abb. 31)*. Auch Münz-Schwerter sind dafür gedacht, an Wände oder über Fenster gehängt zu werden. Es sind Sammler-Stücke, und aufgrund der Anzahl der verarbeiteten Münzen können Sie recht teuer sein – wenn Sie überhaupt eines finden.

Schelle und Windspiele

Schellen und Windspiele sind im Feng Shui in letzter Zeit immer beliebter geworden. Man hängt sie auf, damit sie Glück bringen. In anderem Zusammenhang wirken Glokken allerdings wie Spiegel – seien Sie vorsichtig mit ihrem Gebrauch.

Im chinesischen Glauben entsteht durch das Läuten oder Anschlagen einer Glocke oder eines Gongs ein Weg der Klänge, der Himmel und Unterwelt zusammenführt, wobei hier auf der Erde der verbindende Punkt ist. Der Klang des Gongs enthält sowohl Heiliges wie auch Profanes, Gutes und Böses. Kleine metallene Windschellen hängen seit alters her unter den geschwungenen Dachecken an buddhistischen oder daoistischen Tempeln oder Sutrahallen. Der Wind spielt am Tage mit diesen Glokken und schlägt sie an, so daß böse Kräfte und wandernde Geister vertrieben werden. Nach Sonnenuntergang aber werden die Glocken für die Zeit bis zum Tagesanbruch zur Unterkunft für diese Geister. Ihr Mitgefühl und ihre Großherzigkeit gehen soweit, daß Priester und Mönche diesen traurigen Geistern und wandernden Wesen Unterkunft gewähren. Doch die nächtlichen Winde und Brisen, die die Glocken läuten, erinnern die Geister daran, daß sie nur Besucher auf der Durchreise sind.

Der Gebrauch von Glocken zur Verstärkung von Glück ist heute bei Feng-Shui-Experten umstritten. Einige begeistern sich dafür wie für eine neue Idee, andere halten das für unklug. Ältere Feng-Shui-Praktizierende sehen den Gebrauch von Glocken gern auf religiöse Stätten wie Altäre, Tempel und Klöster beschränkt und auf religiöse Zwecke wie Geisterbeschwörungen oder Zeremonien zur Austreibung von Krankheiten. Wenn Sie eine Glocke im Innern eines Hauses zu einem bestimmten Zweck nach dem Feng Shui aufhängen, ohne sie aber durch einen daoistischen Priester oder Meister initiieren zu lassen, so kann sie zum gemütlichen Zuhause für böse Geister werden, die in Ihr Haus kommen und sich dort niederlassen. Diese Punkte sollten Sie bedenken, wenn Sie Glocken in Ihrem Haus verwenden wollen.

Sie können Glocken und Gongs jedoch jederzeit zur Dekoration und aus Spaß aufhängen, ohne dadurch unerwünschte Nebeneffekte zu erzielen. Dagegen ist nichts einzuwenden. Es ist jedoch etwas anderes, eine Glocke oder einen Gong an einer bestimmten Stelle und als Instrument des Feng Shui zu gebrauchen, und in diesem Falle ist Vorsicht geboten und ein gutes Urteil vonnöten. Wie Spiegel, so sind auch Glocken nichts grundsätzlich Schlechtes. Doch wählen Sie sie sorgfältig aus und seien Sie sich ihrer Macht und symbolischen Bedeutung bewußt.

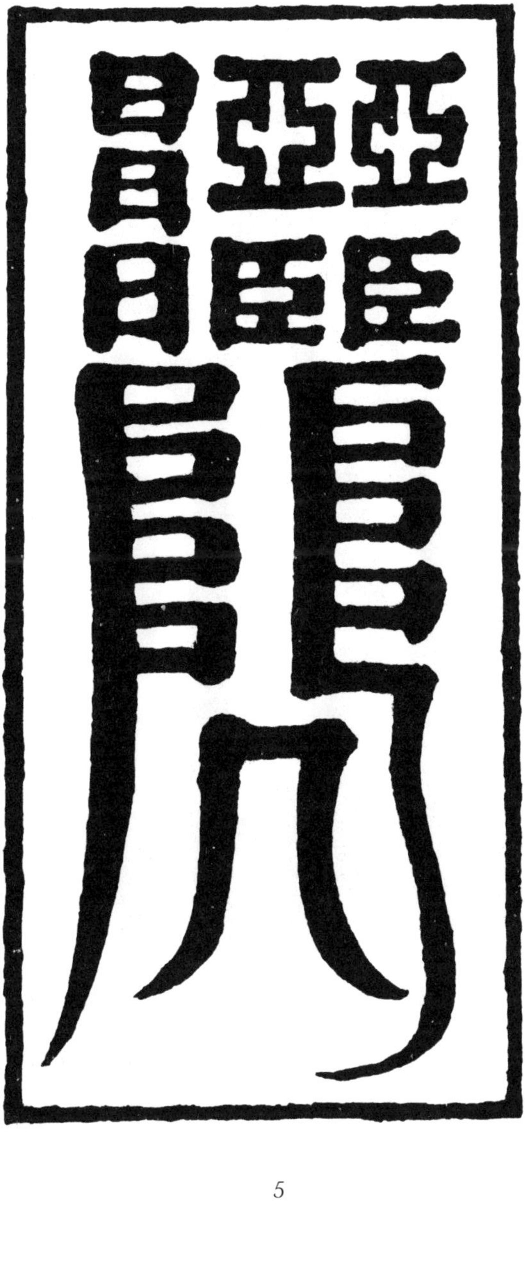

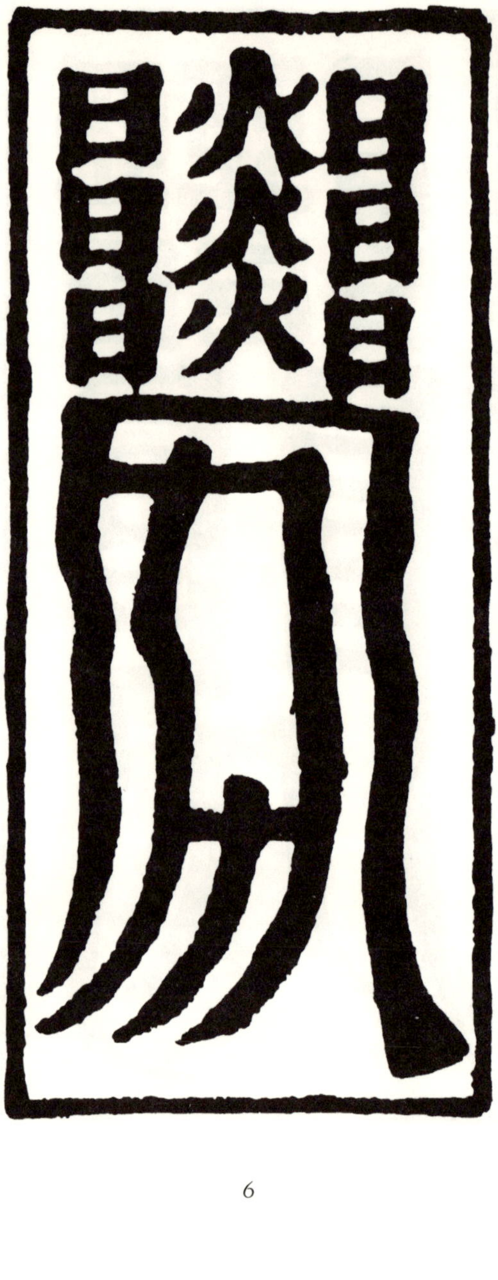

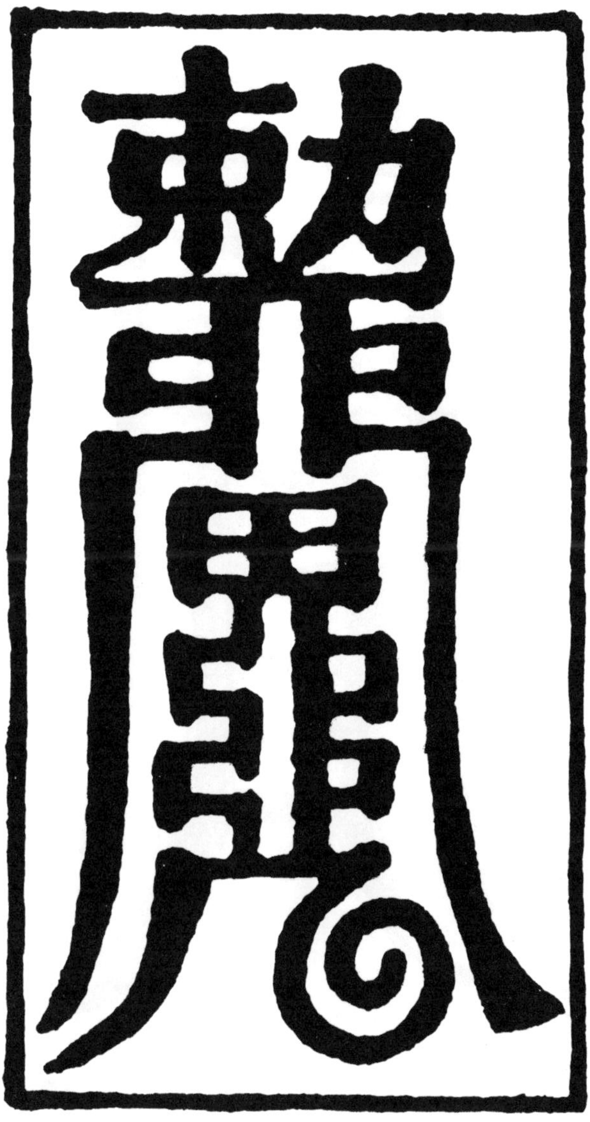

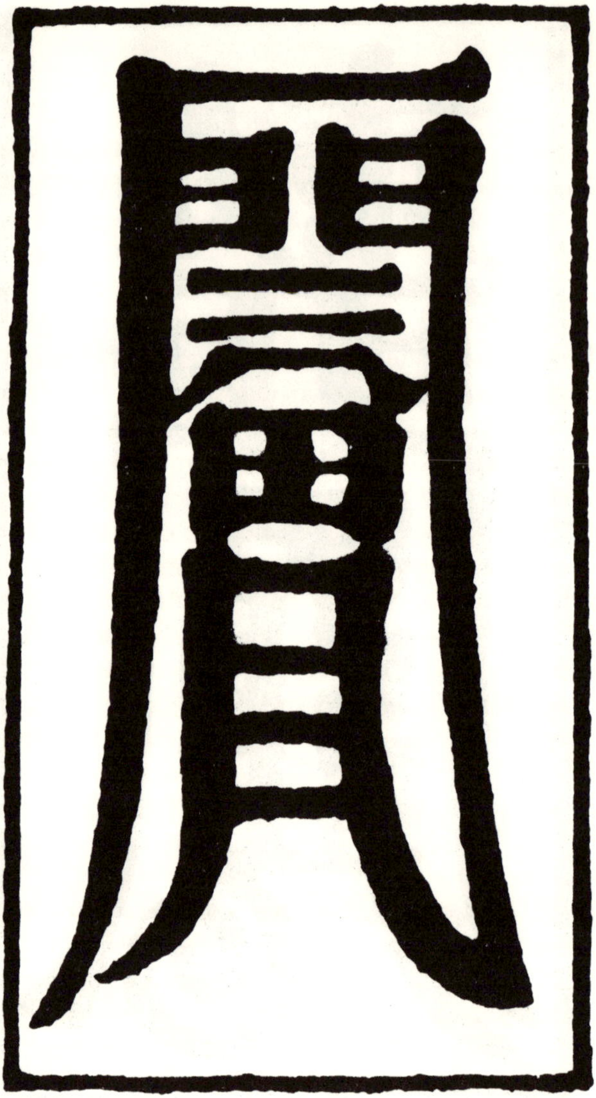

Sie finden in diesem Buch einige daoistische Talismane, und der Autor lädt Sie ein, sie herauszuschneiden und an strategisch wichtigen Punkten in Ihrer Wohnung oder Ihrem Büro anzubringen. Im folgenden erfahren Sie etwas über Geschichte und nähere Bewandtnis dieser Glücksbringer.

Glücksbringer dieser Art erfreuen sich unter Chinesen großer Beliebtheit, denn sie sind nicht teuer, einfach in der Anwendung und dazu noch durchaus dekorativ. Sie werden normalerweise von daoistischen Priestern geschrieben, die sie dann auch einweihen, indem sie verschiedene religiöse Rituale durchführen. Die Talismane werden als heilige „Arbeitsanweisungen" eines bestimmten Gottes angesehen, der die bösen Geister anweist, nicht näherzukommen. Talismane werden oft mit zinnoberroter Tinte auf Streifen gelben Reispapiers geschrieben. Für den Hausgebrauch jedoch, insbesondere zu Festlichkeiten wie Neujahr, verwendet man häufig schlicht schwarze Tinte und rotes Papier. Rot erinnert an den Roten Vogel des Südens – also den Süden – und steht für Freude. Aufgrund des glückverheißenden Charakters der Farbe gelten göttliche Worte, die in Rot oder auf rotem Papier geschrieben sind, als besonders machtvoll und einflußreich.

Geschriebene Talismane zur Vertreibung von Unheil einzusetzen hat in China eine lange Tradition. Beim Schreiben der Zeichen verwendet man eigens eine dekorative Kursivschrift, eine Kombination aus verschiedenen alten Kalligraphie-Stilen und Siegelschriften. Nach der daoistischen Lehre geht das Schreiben von Talismanen auf den berühmten Meister Zhang Ling zurück (auch als Zhang Daoling bekannt), der im Jahre 34 v. Chr. an der Ostküste Chinas in der Provinz Jiangsu geboren wurde.

Er galt als einer der wichtigsten frühen Patriarchen des Daoismus. Wie sein großer Vorfahr Zhang Liang (230?–185 v. Chr.), von dem in Kapitel 1 dieses Buches die Rede ist, war auch Zhang Daoling ein großer Gelehrter der Astrologie und Numerologie. In seinen mittleren Jahren war er weit und breit für seine Fähigkeiten und sein Wissen bekannt, und der Kaiser zitierte ihn zu sich an den Hof, um dort zu dienen. Wie sein Großvater Zhang Liang lange zuvor, folgte Zhang Daoling dem Ruf jedoch nicht, sondern zog es vor, sich als Einsiedler tief in die Berge und Wälder zurückzuziehen, um dort mit den Göttern in Kontakt zu treten. Nach vielen Jahren der Wanderung durch ganz China ließ er sich in der tiefen Wildnis am Berg Qingcheng in der heutigen Provinz Sichuan nieder. Er soll Unsterblichkeit erlangt haben und, so will es die Legende, 122 Jahre alt geworden sein, bevor er diese Welt 156 n. Chr. verließ. Zuvor jedoch erhielt er Anweisung von den himmlischen Göttern, daoistische Schriften und Talismane niederzuschreiben, die den Menschen helfen und sie vor Krankheit bewahren würden.

Während der südlichen Song-Dynastie viele Jahrhunderte später (1127–1279 n. Chr.) gelangte Zhang Sanfeng, ein Ur-ur-ur-Enkel der Familie Zhang, ebenfalls zu großem Ruhm und wurde ein geschätzter Meister der daoistischen Religion. Bis auf den heutigen Tag kennen Historiker weder das Datum von Zhang Sanfengs Geburt noch das seines Todes genau. Nach einem Bericht wurde er 1247 geboren und lebte mehr als 120 Jahre lang, also von der späten Song-Dynastie über die Yuan-Zeit bis in die frühe Ming hinein! Historiker gehen davon aus, daß es vermutlich mehrere Personen der Zhang-Familie gegeben hat, die den gleichen Namen verwendeten – was auch die Fülle wichtiger daoistischer Bücher erklären würde, die unter diesem Namen erschienen sind.

Wie dem auch sei, auf jeden Fall würdigt die Legende Zhang Sanfeng als den Erfinder des *Taijiquan*, jener meditativen Übungen, die sich bis heute in China und im Westen (wo sie vielleicht besser als Tai Chi bekannt sind) großer Beliebtheit erfreuen. Auch soll er von den Göttern eigens Mitteilungen empfangen haben, um die Menschen von Krankheiten und aus Schwierigkeiten zu befreien, und er soll mehrere Male „gestorben" sein, um dann zurückzukehren und seine Arbeit auf der Erde wieder aufzunehmen. Die Technik, daoistische Talismane zu schreiben und sie anzuwenden sowie das *Taijiquan* gelten bis heute als sein dauerhaftestes Erbe. Einige Talismane mögen von seinen Nachfolgern hinzugefügt worden sein, doch die meisten, so glaubt man, sind orignalgetreue Kopien seiner Originale, die durch die Jahrhunderte handschriftlich und gedruckt bewahrt wurden.

Wir haben hier eine repräsentative Auswahl dieser Talismane für Sie ausgewählt. Ich folge darin der kalligraphischen Tradition der originalen Piktogramme, doch tragen die Zeichen meine persönliche Handschrift und meinen Pinselstrich. Im folgenden finden Sie eine Liste der abgebildeten Talismane und eine Beschreibung ihrer Anwendung, aufgeführt in der Reihenfolge ihres Erscheinens in diesem Buch:

1) *Umgekehrtes Fu*: Genaugenommen ist dies kein daoistischer Talisman, sondern ein ganz normaler Glücksbringer. Doch so populär es heute auch geworden ist, das umgekehrte *Fu* geht doch auf alte Volkspraktiken in den Provinzen Chinas zurück. Dieser Glücksbringer besteht aus einem quadratischen Stück Papier, auf dem das chinesische Zeichen *Fu* – Reichtum und Glück – auf dem Kopf stehend in goldener oder schwarzer Tinte geschrieben steht. Die chinesischen Zeichen für „umgekehrt" und „angekommen" sehen zwar unterschiedlich aus, ha-

ben aber die gleiche Aussprache (*dao*). Darum ist ein „umgekehrtes" *Fu* ein visuelles Wortspiel und bedeutet, daß an der Stelle, an der das Zeichen hängt – also üblicherweise am Eingang eines Restaurants, eines Geschäftes, eines Hauses oder Wohnzimmers – Glück und Freude „angekommen" sind. Achten Sie darauf, daß es richtig dort hängt, damit es Ihnen all die guten Dinge bringt, die Sie sich wünschen.

2) Der Yuhuasi-Talisman („Meister Jadeblume"): Er steht für Reinheit, Frieden und Hamonie und kann in jedem Raum an beliebiger Stelle hängen. Er ist besonders geeignet, schlechte Bereiche zu neutralisieren.

3) *Eine Anweisung der Götter, durch die Unglück und Katastrophen vertrieben werden*: Sie kann überall angebracht werden, besonders aber in Bereichen schlechter Einflüsse.

4) *Haupteingangs-Talisman*: Sie sollten ihn an einer Innenwand neben oder über dem Haupteingang Ihrer Wohnung anbringen, um ihn gegen schlechte Einflüsse zu verteidigen.

5) *Tür-Talisman*: Diesen Talisman können Sie an oder neben jeder Tür innerhalb Ihrer Wohnung anbringen, damit er Ihnen Glück bringt. Er ist besonders geeignet für Schlafzimmertüren.

6) *Küchen-Talisman*: Er sorgt für Sicherheit und Harmonie in der Küche und wehrt schlechte Einflüsse ab. Dieser sehr bekannte Talisman wird gern neben dem Altar des Küchengotts plaziert, den es in vielen chinesischen Küchen gibt.

7) *Talisman gegen Gespenster und Geister*: Dieser Talisman enthält eine Anweisung der Götter, die dazu dient, alle Gespenster und bösen Geister bei Nacht aus einem Raum zu verbannen. Er ist sehr gebräuchlich für die Zimmer von Kindern und Jugendlichen und alle, die sich im Dunkeln fürchten.

8) *Talisman für persönliche Sicherheit und Glück*: Es ist sehr beliebt, diesen Talisman bei sich zu tragen, wann immer jemand aus dem Haus geht oder verreist. Er eignet sich für jedermann und ganz besonders für Kinder.

Eine letzte Übung

Wir haben auf den bisherigen Seiten eine gute Grundlage erarbeitet. Wir haben das Wichtigste über das Wesen des Feng Shui gelernt, angefangen von der Geschichte und dem theoretischen Hintergrund der verschiedenen Varianten der Methode der Neun Sterne zur Raumanalyse bis hin zur praktischen Anwendung der verschiedenen Hilfsmittel, Tricks, Tips und Talismane, die Feng-Shui-Meister gebrauchen. In diesem letzten Teil wiederholen wir das Gelernte anhand des Hauses in *Abb. 32*.

Es handelt sich um ein recht einfaches Haus oder Wohnung mit zwei Schlafzimmern, zwei Bädern, einer Küche und einem großen Wohn-Eß-Raum. Die wichtigsten Bereiche der Wohnung sind der Haupteingang und der große Wohnraum – wie in jeder anderen Wohnung auch. Diese Teile des Hauses oder der Wohnung, in der das meiste Leben stattfindet, sowie die Bewegung von *Qi* spielen bei der Feng-Shui-Analyse und der Entscheidung, wie Sie mit dem Raum umgehen, die entscheidende Rolle.

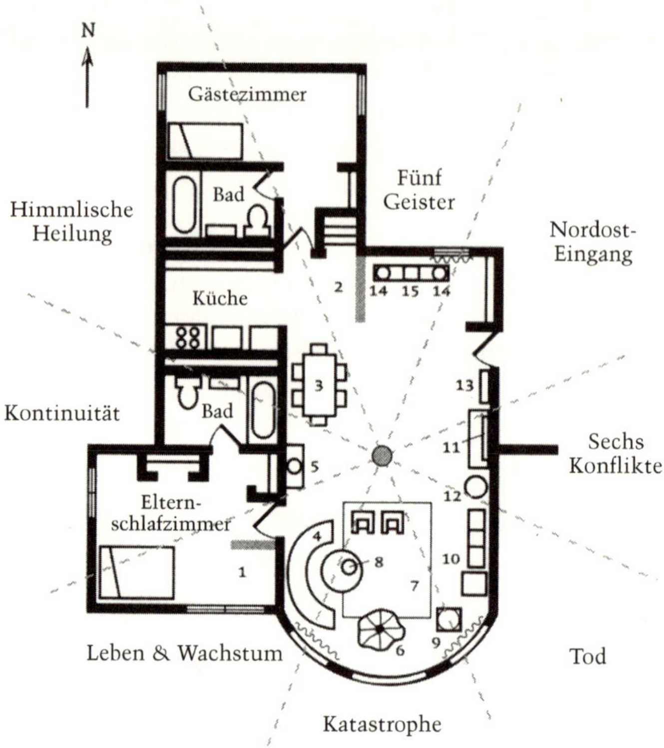

Abb. 32: Ein Modell-Haus

1. *Raumteiler*
2. *Stellwand*
3. *Eßtisch*
4. *Sofa*
5. *Goldfisch-Glas*
6. *Baum mit Talisman*
7. *Teppich in warmen Farben*
8. *Glücksbringer*
9. *großer Kaktus*
10. *Fernseher, Video, Stereoanlage*
11. *Gemälde*
12. *Stehlampe*
13. *offene Regale*
14. *Lampen*
15. *hölzerne Bagua-Tafel*

Wir skizzieren vom *Qi*-Zentrum des Wohnraumes aus die Acht Richtungssektoren nach der Methode der Neun Sterne und wissen so um gute und schlechte Teile des gesamten Hauses oder der Wohnung. (Vgl. S. 25–27)

Wenn Sie das *Qi*-Zentrum bestimmen, so ziehen Sie das Halbrund in Betracht, das durch die geschwungenen Außenfenster entsteht. Stellen Sie sich dann in das *Qi*-Zentrum hinein und messen Sie mit einem Kompaß die Acht Hauptrichtungen aus (N, S, O, W, NO, SO, NW, SW). Dadurch kennen wir dann die Acht Sektoren für die Analyse nach der Methode der Neun Sterne. Wie Sie inzwischen wissen, ist jeder dieser Sektoren 45° breit bzw. je 22,5° zu beiden Seiten der Richtungsachse.

Am Kompaß können Sie ablesen, daß der Haupteingang des Hauses im Nordost-Bereich liegt. Anhand der Tabelle der Acht Eingänge erkennen Sie die übrigen sieben Sektoren dieses Hauses und die zugehörigen Sterne. (Vgl. *Abb. 12*, S. 45)

Das Ergebnis sehen Sie in *Abb. 32*: Im Uhrzeigersinn vom Nordost-Eingang aus gelesen, herrschen im Osten die Sechs Konflikte, im Südosten der Tod, im Süden die Katastrophe, im Südwesten Leben und Wachstum, im Westen die Kontinuität, im Nordwesten die Himmlische Heilung und im Norden die Fünf Geister. Dies ist eine gute Gelegenheit, sich die Bedeutung dieser Sektoren und ihrer Sterne in Erinnerung zu rufen, denn die Methode der Neun Sterne ist die Grundlage für alles, was wir im folgenden mit dem Raum tun werden.

Nachdem Sie den Raum in seinen Grundzügen analysiert haben, stellen Sie Ihr Grundverständnis des Feng Shui auf die Probe, indem Sie das bisher Gelernte anwenden. Versuchen Sie, die unten aufgeführten Fragen selbst zu beantworten, lesen Sie dann die Antworten, und wenn Sie mehr wissen wollen, lesen Sie die Seiten, auf die jeweils verwiesen wird. (Vgl. S. 36–40)

1) Der Haupteingang dieser Wohnung weist nach Nordosten. Ist das für irgend jemanden besonders günstig?

Ja. Der Nordost-Eingang ist glückverheißend insbesondere für Jungen oder den jüngsten Sohn wie auch für den jungen Familienvater. Er wirkt sich nicht schädlich auf Personen anderen Alters oder Geschlechts aus, doch ist er geradezu eine Glücksspritze für jeden jungen Mann, der glücklich genug ist, hier zu leben. (Vgl. *Abb. 14,* S. 47)

2) Liegt die Küche in einem günstigen Sektor? Was halten Sie von ihrer Lage in bezug auf den Haupteingang?

Die Küche liegt im Bereich der Himmlischen Heilung, was eine ideale Lage ist, weil auf diese Weise eine positive Verbindung zwischen Gesundheit und Ernährung hergestellt wird. Auch liegt die Küche abseits vom Zentrum des Hauses, was sehr wichtig ist. Doch ist ihre Nähe zum Haupteingang heikel – zumal beide auch noch beinah auf der gleichen Achse liegen, was die Lage nicht besser macht. In diesem Fall hat man eine einfache Lösung gefunden: Eine Stellwand schützt die Küche vor dem direkten Blick auf den Eingang. (Vgl. S. 79 ff.)

3) Bewerten Sie die Lage des Elternschlafzimmers. Können Sie die Positionierung der Gegenstände darin erklären?

Das Schlafzimmer liegt jeweils zur Hälfte in den beiden sehr positiven Sektoren Leben und Wachstum bzw. Kontinuität. Es befindet sich damit im vermutlich besten Bereich des ganzen Hauses. Auch das Badezimmer daneben liegt sehr günstig: Es befindet sich erstens im Sektor der Kontinuität und zweitens an der Westseite des Hauses, was eine sehr gute Lage für jeden Raum ist, der mit

Wasser zu tun hat. Beachten Sie, daß das Bett abseits beider Fenster im *Yin*-Teil des Zimmers liegt, und daß man eine Stellwand oder einen Raumteiler aufgestellt hat, um es vor der allzu nahe drohenden „Messerschneide" der Tür zu schützen. Es wäre besser, wenn Zimmertür und das eine Fenster einander nicht direkt gegenüber lägen, doch da sie nicht genau auf der gleichen Achse sind, ist das tolerierbar. (Vgl. S. 27–28; 35; 38–39; 64–65; 79–82)

4) Wie würden Sie das Gästezimmer analysieren?

Das Gästezimmer liegt zur einen Hälfte in einem sehr positiven Bereich, dem der Heilung, zur anderen in einem heiklen, dem der Fünf Geister. Das Bett jedoch steht ideal: Vollständig im Heilungs-Sektor und auf der *Yin*-Seite des Zimmers, außerdem durch einen kurzen Flur vor dem Eingang und der Tür geschützt sowie nicht in direkter Sichtlinie der Fenster. Dadurch, daß das Badezimmer, das mit Wasser zu tun hat, im Sektor der Heilung und an der Nordwest-Seite des Hauses liegt, wird ein Ausgleich zu dem heiklen Sektor der Fünf Geister geschaffen. Badezimmer können bildlich dazu beitragen, böse Einflüsse fortzuspülen. Der Person, die in diesem Zimmer schläft, wird es gut gehen – insbesondere, wenn es ein Junge oder junger Mann ist, der außerdem noch von der nordöstlichen Ausrichtung des Haupteingangs profitieren wird. (Vgl. S. 27–28; 35–36; 38–39; 85–86)

5) Beurteilen Sie das Wohn- und Eßzimmer nach der Methode der Neun Sterne.

Dieser zentrale Raum des Hauses ist miserabel gelegen. Zwar liegt er zum Teil in den Sektoren Leben und Wachstum, Kontinuität und Himmlische Heilung, doch den größten Teil nimmt das wenig segensreiche Dreiergespann Katastrophe, Tod und Sechs Konflikte ein, außerdem der mehr oder weniger neutrale Eingang und die problematischen Fünf Geister. In diesem äußerst ungünstig gelegenen und sehr wichtigen Wohn- und Eßzimmer müssen wir all unser Wissen und Geschick einsetzen, um den negativen Einflüssen entgegenzuwirken und höchstmögliche Harmonie und Sicherheit für die Bewohner zu erreichen. (Vgl. S. 36–40)

6) Sehen Sie sich das Arrangement der Einrichtungsgegenstände im Wohn- und Eßzimmer in Abb. 32 sorgfältig an. Können Sie genau erklären, warum die Dinge so plaziert wurden?

Es gibt viele Möglichkeiten, schlechtem Feng Shui entgegenzuwirken. Im folgenden finden Sie einige Vorschläge für diesen speziellen Raum. Ihnen werden vermutlich noch viele andere Ideen dazu kommen. Lassen Sie Ihrer Phantasie freien Lauf! Wenn Sie den besprochenen Grundlagen des Feng Shui dabei treu bleiben, werden Sie keine Probleme haben.

Lassen Sie uns mit dem Aufstellen der größeren Möbelstücke beginnen. Der Eßtisch steht an optimaler Stelle, nämlich genau in dem Teil des Sektors Heilung, der in dieses Zimmer fällt. Das Sofa steht beinahe vollständig im Bereich Leben und Wachstum und damit ebenfalls gut.

Sofa und Sofatisch sind kreisförmig, weich und rund. Eine solche Form beruhigt und harmonisiert den starken *Yang*-Einfluß, der hier aufgrund des Nordost-Einganges herrscht; außerdem werden runde Formen mit Wasser assoziiert und eignen sich daher gut zur Positionierung entlang der Westwand des Raumes. Das Goldfisch-Glas, das auf einem Tischchen an der gleichen Wand steht, verstärkt das Thema „Wasser“ und stärkt den schmalen Streifen des Sektors Kontinuität, den es hier gibt. Wichtig ist außerdem, daß das *Qi*-Zentrum des Raumes offen, luftig und frei gelassen wurde. (Vgl. S. 90 und *Abb. 27,* S. 91)

Die Lage des Wohnzimmers in dieser Wohnung ist vom Gesichtspunkt der Neun-Sterne-Analyse zwar nicht sonderlich gut, doch kann man von Glück sagen, daß die großen Fenster nach Süden weisen. (Vgl. S. 64–65)

Denn Sonnenlicht, Wärme und andere positive Dinge, die mit dem Roten Vogel des Südens zusammenhängen, sind eine große Hilfe beim Abwehren oder Neutralisieren zumindest einiger der Einflüsse der Bereiche Katastrophe und Tod. (Vgl. S. 33–34)

Sie können den Raum auch schützen, indem Sie eine große Topfpflanze oder einen kleinen Baum als Schirm schützend vor das am weitesten südlich gelegene Fenster stellen. In die Zweige der Pflanze sollten Sie an roten Bändern einen glückverheißenden Talisman hängen und zwei kleine rote Briefumschläge mit jeweils drei Münzen darin. Die starke Lebenskraft des Baumes, ergänzt durch diese Glücksbringer, wird helfen, die vom Katastrophen-Sektor herrührenden Einflüsse im Haus abzuwehren.

Zwei weitere Dinge sollen die Einflüsse des Sektors Katastrophe mildern. Das eine ist ein großer, in warmen Farben gehaltener Teppich. In unserem Beispiel ist er rechteckig, doch ein runder und in warmem Beige oder einer anderen satten Farbe gehaltener würde sich hier ebenso gut machen. Auf keinen Fall sollten Sie in die Bereiche Katastrophe, Tod oder Sechs Konflikte Teppiche mit kalten Farben legen. Die zweite Sache ist etwas für den Kaffee-Tisch. Es kann ein Glücksbringer Ihrer Wahl sein – eine Figur oder Statuette, die Sie besonders lieben – oder eine Vase mit frischen Blumen und Wasser. Sie würde Wasser und Wachstum, denen wir in diesem Bereich bereits Platz eingeräumt haben, weiter unterstützen. (Vgl. S. 92–95; 107–111)

Damit kommen wir zum Tod, dem heikelsten und schwierigsten Bereich. In diesem Fall liegt er im Südosten des Hauses, was seinen starken Einfluß zwar ein wenig mildert, als Neutralisierung jedoch nicht ausreicht. Es bietet sich an, offensiv vorzugehen, indem wir zum Beispiel einen großen Kaktus als stacheligen Wächter genau zwischen Katastrophen- und Todessektor aufstellen. Schutz bietet auch ein Sieben-Sterne-Schwert oder ein chinesisches Münz-Schwert. Wenn Ihnen an einer weniger militanten Lösung gelegen ist, so leisten eine Figur oder ein Bild von Buddha, Christus oder einem Engel gute Dienste oder Texte aus der Bibel, dem Koran oder den Sutras. Auch für Drachen-, Tiger- oder Löwenstatuen ist dieser Teil des Raumes sehr geeignet. Es liegt ganz bei Ihnen! (Vgl. S. 90–91; 94–97)

Im Todessektor sollten Sie keine größeren Möbelstücke aufstellen, schon gar nicht solche, auf oder bei denen sich Menschen längere Zeit aufzuhalten pflegen. Gut geeignet ist dieser Bereich für Garderoben, als Stauraum, für Bücherregale und elektronische Geräte. In unserem Fall haben wir Fernseher, Video und Stereoanlage an dieser Stelle untergebracht. Achten Sie auch auf die Vorhänge am Fenster, die wie ein Schutzschirm gegen schlechte Einflüsse wirken, die von dieser Seite aus ins Haus eindringen wollen. (Vgl. S. 39–40)

Wir begeben uns nun in den Bereich der Sechs Konflikte. Es ist ein ungemütlicher Sektor, der hier durch ein warmes Gemälde an der Wand aufgewertet wird. Die nahe dem Todessektor aufgestellte Stehlampe bringt Licht und Wärme hierher, und vielleicht sollte man sie sogar nachts schwach leuchten lassen, um diese problematische Gegend milde zu stimmen. Beachten Sie, daß das an der gegenüberliegenden Westwand aufgestellte Goldfisch-Glas das *Qi* im Raum stärkt und damit ebenfalls den Bereich der Sechs Konflikte beruhigt.

Der Sektor des Hauses, in dem sich der Eingang selbst befindet, ist wichtig in bezug auf das *Qi*-Zentrum und bei der Bestimmung der allgemeinen Sternkonstellation einer Anlage. Er entscheidet auch darüber, welche Personen besonders davon profitieren werden, in einem bestimmten Haus zu wohnen. Wie wir gesehen haben, ist der Nordost-Eingang in unserem speziellen Modell besonders günstig für Jungen oder junge Männer. (Vgl. S. 74–76; 90)

Wir haben direkt neben dem Eingang ein Regal aufgestellt. Auf dem obersten Brett sollte einer der Talismane angebracht sein, die weiter oben vorgestellt wurden. Manche Bewohner dieses Hauses würden vielleicht eine rote Schnur mit drei, fünf oder sieben chinesischen Münzen über der Eingangstür aufhängen. Die mittleren Regalbretter können Platz für Skulpturen, kleine Figuren oder andere antike Glücksbringer bieten – doch vergessen Sie nicht, daß ihre Anzahl wichtig ist. Auf den unteren Regalbrettern können Sie Bücher unterbringen. (Vgl. S. 65–71; 90–92; 107–111)

Abschließend der Sektor der Fünf Geister. Dies ist ein heikler Bereich, der dadurch noch problematischer wird, daß das kleine Fenster zum Norden hin öffnet, der Domäne des Dunklen Kriegers. Die Stellwand, die wir aufgestellt haben, um die offene Küche vor dem Eingang abzuschirmen, hilft zugleich, die unheilvollen Einflüsse in diesem Sektor zu halten und positiv zu beeinflussen. Vor dem Fenster sollte ein Vorhang hängen, wie in der Abbildung zu sehen. (Vgl. S. 32–33)

Direkt unter das Fenster haben wir einen Tisch mit je

einer Lampe an jeder Seite und einer hölzernen *Bagua*-Tafel in der Mitte gestellt. Die dem Fenster am nächsten stehende Lampe sollte auch nachts brennen (Sie können eine schwache Birne verwenden), um diesen Teil des Raumes zu schützen und dunkle Mächte zu vertreiben. (Vgl. S. 74–76; 95–96)

Damit sind wir am Ende unserer letzten Übung angelangt. Sie verfügen nun über ein fundiertes Verständnis der Feng-Shui-Analyse nach der Methode der Neun Sterne und kennen eine ganze Reihe nützlicher Werkzeuge, mit denen Sie das Fang Shui jedes Raumes, mit dem Sie arbeiten, ändern können. Gute Feng-Shui-Einrichtungen müssen weder kostspielig noch kompliziert sein. Das Geheimnis des Feng Shui, wie auch des Lebens selbst, besteht in der Ausgewogenheit der vielen Kräfte unserer Umgebung – physischer und spiritueller. Verlassen Sie sich also auf die solide Grundlage, die Sie in diesem Buch erlernt haben, doch lassen Sie sich zugleich von Ihrem eigenen Gefühl und Ihrer Intuition leiten. Öffnen Sie sich dem, was Ihre Umgebung Ihnen mitteilen will, und wenden Sie das hier Gelernte an, um sich einen möglichst heiteren, gemütlichen und gesunden Lebensraum zu schaffen. Mit einem fröhlichen und gut ausgewogenen Zuhause sieht die Welt gleich viel weniger bedrohlich aus. Und Möbel zu verrücken kann Ihr Leben verändern.

Quellen

Englische Texte

Abell, George, *Exploration of the Universe,* New York; Holt, Rhinehart and Winston 1969

Bergland, Lars, *The Secrets of Luo Shu*, Lund, Sweden, Lund University 1990

Burkhardt, V.R., *Chinese Creeds and Customs*, 3 vols., Hongkong 1958

Cheng, Te-kun, „Yin-yang Wu-hsiang in Han Art", Harvard Journal of Asiatic Studies (20), 1957

Fung, Yu-lan, *A History of Chinese Philosophy*, 2 vols., Princeton University Press 1952-53

Hatchett, Clint, *The Glow in the Dark Night Sky*, New York, Random House 1988

Ho, Peng Yoke, „Li, Qi, and Shu: Magic Squares in East and West", Papers on Far Eastern History (8), Canberra, Australia 1973

Lip, Evelyn, *Feng Shui vor the Home*, Torrence, California, Heian International 1990

Major, John S., „The Five Phases, Magic Squares, and Schematic Cosmology", in: Henry Rosemont, Jr., ed., *Exploration in Early Chinese Cosmology*, Atlanta, The Scholars Press 1984

Merton, Merlina, *Feng Shui for Better Living,* Manila, Mervera 1993

Needham, Joseph, *Science and Civilization in China*, Vols. 3 and 4, Cambridge University Press, 1959

Rossbach, Sarah, *Living color: Master Lin Yun's Guide to Feng Shui and the Art of Color*, New York, Kodansha International 1994

Walters, Derek, *Feng Shui Handbook*, San Francisco, Aquarian 1991

Williams, C. A. S., *Chinese Symbolism and Art Motives*, New York, The Julian Press 1960

Chinesische Texte

Bai Yunshenren, *Dili fengshui jingyao* (Das Wichtigste über Geographie und Feng Shui), Hongkong, Da De, o. J.

Cai Yaoju, *Jili damende fangxiang* (Über die Lage glückverheißender Ein- und Durchgänge), Taiwan, Yuk Zhi, o. J.

Chang Xiafuzi, *Yangzhai jicheng* (Alles über Yang-Häuser), Taipei, Wen Yuan Publishing 1993

Chen Lifu und Zhou Dingheng, *Zhouyi yingyongzhi yanjiushu* (Forschungen über die Anwendung des *Yijing*), vol. 1, Taiwan, Chunghua 1981

Chen Yongzheng, *Zhongguo fangshu dazidian* (Lexikon des chinesischen Daoismus), Guangdong, Zhongshan University Press / Xinhua Publishing 1991

Dao Zang, *Dao Zang* (Kostbarkeiten des Daoismus), 1487, Neuauflage, Taiwan, Yi Wen Yin Shu Guan 1977

Fang Chaoxuan, *Shilai fengshui jinji* (Was beim inneren Feng Shui verboten ist), Hongkong, Qin Shi Yuan Publishing 1994

Huang Xiumin und Zhang Li, *Zhongguo shi daming dao* (Die zehn berühmtesten chinesischen Priester des Daoismus), Jilin, Yanbian University Press / Xinhua Publishing 1992

Jiang Kanwen, *Xiandai jinzhu yu fengshui* (Moderne Architektur und Feng Shui), Hongkong, Qin Shi Yuan Publishing 1993

Lai Zhide, *Yijing laizhu tujie,* (Das *Yijing,* mit Anmerkungen und Illustrationen von Meister Lai), 1602, Neuauflage, Sichuan, Sichuan Book Company 1988
Wang Yude, *Gudai fengshui shuzhuping* (Kritische und mit Anmerkungen versehene Abhandlung über das alte Feng Shui), Beijing, Beijing Teacher's College Press 1992
Wuguitang tongshu (Der chinesische Almanach Wuguitang), Kanton 1890
Xu Xiang, *Fengshui rumen* (Feng Shui für Anfänger), Hongkong, Changjiang Publishing, o. J.
Yang Yifang, *Fengshui gejue* (Lieder des Feng Shui), Hongkong, Kuai Ze, o. J.
Yan Gizi, *Dili longxue panduan* (Die Bestimmung geographischer Drachen und Meridiane), Macao, New Enterprise Publishing, o. J.
Zhao Jinfeng, *Dili wujue* (Die Fünf Lieder der Geographie), 1786, Neuauflage, Hongkong, Chilin Publishing, o. J.
Zhao Jinxing, *Yinyang zhai daquan* (Vollständige Abhandlung über Yin-und-Yang-Häuser), Henan, Zhengzhou Antique Books Press 1995

Ernst A. Stadter
Ich will dir sagen, was ich fühle
Wie Beziehungen gelingen
ISBN 3-451-23899-3

Unbewußte Tarnmechanismen in der Beziehung erkennen und überwinden.

Cordelia Alber-Klein/Regina Hornberger
Das Bach-Blüten-Buch für die Familie
Kinder und Eltern entdecken sich selbst
Mit Farbabbildungen der 38 Bach-Blüten
ISBN 3-451-23787-3

Ein Buch für alle Eltern, die zusammen mit ihren Kindern positive Erfahrungen in sanfter Gesundheit und bei der Persönlichkeitsfindung machen wollen.

Gillian Holloway
Der Traumführer – Wege zum Selbst
Fünf Schritte, die Botschaft der Träume zu entschlüsseln
ISBN 3-451-23694-X

Träume richtig erinnern – lesen – deuten: Ein griffiges, sachkundiges Fünf-Schritte-Programm.

Norbert Gürtler/Doro Kammerer
Stillwerden und entspannen
Vorlesegeschichten zum autogenen Training für Kinder
ISBN 3-451-23638-9

Überreizte Kinder – Autogenes Training schafft tiefgreifende Erfolge.

Friedrich Graf
Ganzheitliches Wohlbefinden – Homöopathie für Frauen
Ein Begleiter für die wichtigsten Lebensphasen
ISBN 3-451-22681-2

Sanft heilen und gesund bleiben: Ein kompetenter Ratgber für Frauen in allen Lebensphasen, die „natürlich" gesund sein wollen.

Kakuzo Okakura/Soshitsu Sen
Ritual der Stille
Die Tee-Zeremonie
Band 5000

Das Buch vermittelt inspirierende östliche Weisheit, Stille und Klarheit. Tee-Zeremonie als Lebens-Kunst.

Dr. med. Egbert Asshauer
Tibets sanfte Medizin
Heilkunst vom Dach der Welt
Band 4628

Eine faszinierende Entdeckungsreise zu neuen Ufern gesundheitsbewußten Lebens.

Miriam Freedman/Janice Hankes
Streßfrei und entspannt
10-Minuten-Yogaübungen am Arbeitsplatz
Band 4548

Wie man den Streß am Arbeitsplatz ruhig und gelassen angehen kann – schon auf dem Weg dorthin. Ein praktischer Ratgeber. Mit zahlreichen Abbildungen.

Hans-Harald Niemeyer
Yoga erleben – Gelassenheit im Alltag finden
Band 4518

Wie Yoga auf den ganzen Menschen wirkt, zeigt der erfahrene Lehrer in diesem Begleitbuch für Übende und Neugierige.

Johann Bölts
Qigong – Heilung mit Energie
Eine alte chinesische Gesundheitsmethode
Band 4273

Theorie und Praxis des Qigong von einem Meister seines Fachs: leicht erlernbare Bewegungsfolgen, die zur ganzheitlichen Stärkung beitragen. Mit zahlreichen Fotos.

HERDER / SPEKTRUM

Wolfgang G. A. Schmidt (Hrsg.)
Der Klassiker des Gelben Kaisers zur Inneren Medizin
Das Grundbuch chinesischen Heilwissens
Band 4260

Das Basisbuch der über 2000jährigen Geschichte traditioneller chinesischer Medizin endlich auf deutsch: Heilwissen über Körper, Geist und Seele und über die Einflüsse der Umwelt auf den Menschen.

Irmgard Müller
Die pflanzlichen Heilmittel bei Hildegard von Bingen
Heilwissen aus der Klostermedizin
Band 4193

Praktische Anwendungen, gestützt auf profundes Wissen um die therapeutischen Eigenschaften der Pflanzen. Mit zahlreichen Abbildungen.

Hildegard von Bingen
Heilkraft der Natur – Physica
Rezepte und Ratschläge für ein gesundes Leben
Band 4159

Naturlehre und Heilwissen der heiligen Hildegard: der Klassiker der sanften Medizin. Mit praktischem Register und Querverweisen.

Wolfgang G. A. Schmidt
Die alte Heilkunst der Chinesen
Ihre Kultur und ihre Anwendung
Band 4136

Akupunktur, natürliche Heilmittel und die praktischen Geheimnisse aus der Tradition einer sanften Medizin.

Hildegard von Bingen
Heilwissen
Von den Ursachen und der Behandlung von Krankheiten
Übersetzt und herausgegeben von Manfred Pawlik
Band 4050

Ein Klassiker der sanften Medizin, heute aktueller denn je: alle Ratschläge der genialen heilkundigen Frau in einem Band.